AGIR ET PENSER COMME UN ENFANT

Jean-François Marmion

AGIR ET PENSER COMME UN ENFANT

Opportunéditions

Direction éditoriale : Stéphane Chabenat
Éditrice : Tiphaine Aubé
Conception graphique et mise en pages : Soft Office
Conception graphique de la couverture : 2Li

Les éditions de **l'Opportun**
16, rue Dupetit-Thouars
75003 Paris
www.editionsopportun.com

Au clown Nénesse

Intro à bouclettes

Ah, *Agir et penser comme un enfant*... Voyez-vous, au moment de prendre la plume, je ne puis empêcher mon âme de... Euh... Attendez. Attendez. STOP. Ça va pas être possible.

Parce que « comme un enfant », c'est bien beau, mais lequel ? Celui d'un an, qui s'amuse à se coller sa cuillère de mixture brocolis-épinards dans les cheveux ? Celui de trois ans, qui enchaîne les otites ? Celui de dix ans, qui exige un portable ? Ou, si vous avez déjà cédé, un appareil plus récent ? Celui de onze ans, qui vous explique en descendant de poney que ça lui fout le seum de pas être présentement en train de spammer des *kills* dans la team des autres bâtards sur *Fortnite*, wesh gros, *no fail* ? Celui de onze ans et demi, qui ferait bien une grève de la faim pour sauver la banquise s'il n'y avait pas de la mousse au chocolat bio au dessert, avec Champomy *on the rocks* ?

Agir et penser... comme une fille unique ? Ou comme le sixième fils d'une famille défavorisée, comme on dit pudiquement ? Comme un enfant qui va au caté, comme un enfant des rues ? Comme un enfant battu ? Violé ? Dont la mère a un cancer ? « Un » enfant, ça n'existe pas ! Comment me tirer d'affaire ?

C'est bien simple : je ne peux pas. Il va bien falloir se référer à « un » enfant théorique, prototypique, garçon ou fille, riche ou pauvre, tout mioche ou préado. Pas trop affreux moutard ni trop mignonnet : un enfant, on le verra, n'est ni un joyeux drille systématique, ni un benêt ignorant, ni un doucereux innocent. Il fait des blagues et des colères, il a peur, il rigole, il est curieux, avec des petits défauts aussi, un soupçon de cruauté, une pincée de mensonge, une larme de sournoiserie. Donc, humain ! Donc, multiple ! Donc...

Donc, rien : on se lance.

L'enfant n'est pas dupe de nous

L'enfant sait très bien que, même si ses parents peuvent jouir du bénéfice du doute, l'adulte ne mérite pas d'être idéalisé. À d'autres ! Inversement, agir et penser comme un enfant ne signifie pas que nous devons calquer un modèle exemplaire. À propos des enfants, notons quelques vérités qui fâchent.

Chieurs et manipulateurs

Tout d'abord, certains enfants sont non seulement imparfaits, mais monstrueux. Des fléaux. Des chieurs. Des plaies. Ne rayez pas la mention inutile, il n'y en a pas. Et libre à vous de compléter la liste sur la base de votre expérience personnelle. Car oui, bien sûr, vous en avez vu, et dès la crèche, des gamins pas sortables ! Des gamines exaspérantes ! Des mômes qui trichent, qui hurlent de colère, se conduisent en tyrans, frappent, mordent, et, dès qu'ils arrivent à aligner deux syllabes, insultent. Et quoi de plus normal ? L'éducation consiste précisément à leur enseigner comment ne point rester ainsi. Ils ne sont des gougnafiers que parce qu'ils ont tout à apprendre.

Ils ne naissent pas tous avec la même personnalité, la même famille, ne reçoivent pas la même éducation, n'ont pas le même tempérament biologique qui les pousse au calme ou à l'éruption, à la domination agressive, à la soumission apeurée ou à l'indifférence olympienne. La fleur est plus ou moins entravée par les mauvaises herbes. Et leurs jardiniers de parents ont la main plus ou moins verte pour favoriser leur croissance ou y ajouter leur propre lot de ronces. Bon nombre des enfants qui présentent des troubles du comportement ne sont pas des victimes de l'école, de leurs malheureux enseignants, de la société ou d'on ne sait quelle injustice désincarnée, mais ils sont tombés dans de mauvaises mains, au mieux maladroites, au pire dangereuses. Combien de parents siphonnés, absents, traumatisés, incapables de s'occuper correctement de leur progéniture, manquent toujours de temps, ou de vocabulaire, ou d'émotions, pour faire sortir le meilleur des autres... et d'eux-mêmes aussi, souvent ?

Néanmoins, même avec une excellente éducation, et voilà le deuxième grain de sable dans la belle mythologie de l'enfance idéalisée, il arrive que la petite créature reste un affreux moutard. On a beau l'écouter en dodelinant de la tête, le faire escorter par des psys, le sermonner, il parviendra toujours à se calmer puis, à son corps défendant évidemment, rechutera en repartant dans ses violences, ses insultes, sa vulgarité, par habitude ou simple imitation de ce à quoi il assiste à la maison, à l'école ou à la télé. Il présente donc des circonstances atténuantes. Mais il existe une autre catégorie de jeunes casse-pieds : celles des fourbes. Là, ce n'est pas que l'enfant soit mal éduqué. Il a excellemment bien intégré les règles, et sait feindre à merveille de les suivre. En famille, il est adulé. Dans la cour de récré, il est populaire. Pour peu qu'il jouisse d'une adorable frimousse, il est inattaquable. Il se conforme aux usages, sait rester à sa place, et souvent n'a pas un mot plus haut que l'autre. Mais il a parfaitement compris le petit manège psychologique de tous ceux qui l'entourent. Il sait ce qu'on attend de lui, et comment se tirer à son avantage de toutes les situations : il s'avère un champion de la dissimulation. Les transgressions, il les fait accomplir par d'autres, qu'il les y pousse sournoisement ou bien qu'en vertu de son leadership il le leur ordonne franchement. Impossible de lui mettre le grappin dessus, ce seront toujours ses sous-fifres qui prendront. Lui ne fera jamais le sale boulot !

L'enfant fait ce qu'on fait, pas ce qu'on dit

Et nous voici au dernier point qui fâche, encore qu'en cherchant bien on pourrait en trouver beaucoup plus : l'enfant voit très bien, à travers l'actualité ou nos conversations, qu'il écoute toujours d'une oreille faussement distraite, que ce qu'on veut lui enseigner pour qu'il se calme, qu'il se domestique, c'est de la blague. Non, par l'éducation et la culture, les adultes ne sont pas forcément moins violents. Ils ne tirent pas systématiquement le meilleur d'eux-mêmes. Ils ne respectent pas toujours autrui. Et souvent, très souvent, c'est le plus stupide, le plus égoïste, le plus hypocrite, le plus bestial, qui s'en sort allègrement. Et parfois, avec les honneurs. Peut-être que l'enfant souhaiterait *être* quelqu'un de bien. Mais il sait que le *paraître*, la capacité à sauver les apparences, s'avère souvent suffisant. Il est trop malin pour ne pas constater que la substantifique moelle du discours de bien des parents se borne à des « Fais ce que je dis, pas ce que je fais ». Il sait jouer de nos points faibles, de notre condescendance à son égard quand nous sommes ses parents. Nous prétendons « l'élever » au sens éducatif ou spirituel du terme, or nous tombons bien bas.

Oh, bien sûr, je ne dis pas ça pour vous ! Vous êtes forcément un bon parent, et vous aurez bien raison de ne pas croire les horreurs qu'on pourra vous conter sur votre enfant. Mais songez aux autres… Aux géniteurs aveugles, plongés dans un déni agressif, sincèrement persuadés que leur enfant est le meilleur et que tous ses ennuis ne peuvent venir que du monde extérieur, certainement pas de papa-maman, et encore moins de lui. Songez à tous ces gamins dont, si vous en aviez été le parent, vous auriez fait tout autre chose... Songez à toutes les leçons d'éducation que vous vous retenez de prodiguer à la ronde... Bien sûr qu'agir et penser comme un enfant, ça peut toujours nous faire du bien. À condition de ne pas se tromper d'enfant.

Ce que nous dit l'enfant :

« Tu veux agir et penser comme moi ?
Ah oui, mais copie pas, hein ! »

Même l'enfant le plus feignant apprend davantage que l'adulte le plus bosseur

Exactement ! Ils ne s'en rendent pas compte, et certains petits rebelles s'en montreraient même sincèrement désolés, mais les enfants apprennent tout un tas de choses d'une complexité telle que les adultes, ces paresseux persuadés d'avoir tout compris, se sentiraient découragés à l'idée de les imiter.

Poche des eaux, boulot, dodo

Car un enfant n'attend même pas d'être sorti du ventre de sa mère pour analyser, déjà, son environnement. Durant le dernier trimestre de la grossesse, même en entendant mal à travers la paroi utérine, il repère les sons de son environnement, et parmi ceux-ci les voix, et parmi celles-ci la voix de sa mère, et ça y est, il apprend. Il apprend sans relâche ! Il apprend à distinguer la mélodie propre à la langue employée, à repérer les cadences, les syllabes, les fréquences de sonorités. Dès la naissance, bien qu'encore à moitié bigleux, il repère en priorité les visages… et les visages *souriants*. Il ne cesse d'observer, de se livrer à des calculs de probabilités pour comprendre, déjà, des relations de cause à effet. Il sait qu'un objet lâché doit tomber (et non, si l'on peut dire, atterrir au plafond). À cinq mois, il sait qu'un objet qui disparaît de sa vue peut réapparaître, et à quel endroit.

Plus tard, il déploie tout son savoir-faire pour agripper sa petite cuillère et se mettre au défi de manger tout seul, quand il ne s'amuse pas plutôt à la laisser tomber pour le plaisir de nous voir la ramasser. Et puis monsieur (ou mademoiselle) s'est mis dans la caboche de parler comme nous, et nous mitraille de babillages, borborygmes et onomatopées qui nous font saigner les oreilles autant qu'ils nous émerveillent. Et puis que ça croupetonne, l'enfant, et que ça se met debout en tortillant machinalement du croupion pour bien montrer qu'il est prêt à faire feu, tel l'automobiliste arrêté au rouge qui ne peut s'empêcher de faire vrombir le moteur au point mort. Et puis ça court, ça cavale, ça explore, ça ouvre les tiroirs, ça enfile nos vêtements, ça joue à détourner les objets de leur fonction, à interrompre nos conversations, à nous faire revenir dans sa chambre, le soir, autant qu'il veut, en bon mini Marcel Proust à tétine.

Et ça ne s'arrête jamais !

L'enfant est la seule créature du règne animal à disposer d'une telle fenêtre de tir, proportionnellement à son espérance de vie, pour se développer. Il n'a pas d'autre occupation qu'apprendre. Même jouer, pour lui, c'est encore expérimenter, simuler, faire comme si, investir symboliquement l'ensemble du réel. Pensez aux ahanements qui sont notre lot quotidien quand nous nous efforçons d'apprendre une langue étrangère à l'âge adulte, que nous ne maîtriserons jamais tout à fait correctement, sans parler de l'accent que nous manifesterons toujours de façon plus ou moins prononcée. L'enfant, lui, apprend comme il respire, en regardant, en imitant, en imaginant. L'école, selon les points de vue, fait fleurir ou canalise cette attitude, sait en jouer ou la flétrit pour lui bourrer le mou de toutes sortes de bibelots encombrants et pas rigolos du tout dont il ne se servira pas forcément à l'âge adulte.

L'adulte, justement, n'apprendra plus jamais avec cette frénésie. Ou alors il se passionnera pour un domaine précis, la clarinette, *Call of Duty*, un CAP coiffure, une thèse sur le port de la moustache par François Mauriac, mais pour le reste, pardon ! Pas question d'apprendre outre mesure ! Il a *déjà* appris. Il a tout compris, l'adulte… Il est du bon côté du réel, de la morale, de la politique, de la société. Il sait pourquoi il vit, l'adulte, et même s'il est malheureux, il ne changera pas, parce qu'il a raison. Il a raison parce qu'il est trop compliqué de se remettre en question. Ça fait trop mal à l'amour-propre.

Il n'est jamais trop tard pour apprendre. Comme un enfant, soyons captivés par ce que nous ne connaissons pas. Essayons de jouer avec, d'en trouver les grandes lois. Que fait l'enfant quand on lui offre un gadget ? Est-ce qu'il regarde le mode d'emploi, comme nous le faisons tous, nous, les barbons battus d'avance si nous ne consultons pas la procédure ? Bien sûr que non, il explore tout seul, il n'y comprend rien, se trompe, mais s'il ne trouve pas comment utiliser l'objet, il l'utilise autrement, il le fait rouler, il le démonte, il s'assoit dessus, mais il s'amuse avec quand même.

Et puis, quand il ne comprend pas comment ça marche mais qu'il a grandi, il s'énerve parce qu'il considère que l'objet est mal conçu. Pas de doute, cet enfant, c'est bien le nôtre…

Ce que nous dit l'enfant :
« Tout s'apprend jusqu'au bout…
même mourir ! »

Imaginatif, créatif, inventif, l'enfant fait feu de tout bois

Maître Yoda, qui n'était pas un perdreau de l'année, conseillait à son apprenti Luke de désapprendre. C'est-à-dire de se débarrasser de tous ses a priori solidifiés au fil de l'âge adulte à propos de ce qui était possible ou non, ce qu'il était capable de faire ou pas. L'enfant apprend sans cesse, nous l'avons vu, mais l'adulte a tendance à se rigidifier. Il lui faut se décorseter pour retrouver le goût d'évoluer, de se remettre en question, de se surpasser, de se surprendre, en un mot de changer. Pablo Picasso ne disait pas autre chose lorsqu'il expliquait qu'il lui avait fallu toute sa vie pour apprendre à dessiner comme un enfant.

L'imagination au pouvoir !

La créativité, c'est une plongée dans un présent alternatif : offrez-lui un joli petit livre pour Noël et vous ne sauriez absolument exclure que l'enfant préfère le papier cadeau pour en faire des papillotes, une cocotte, ou pour le jeter dans la cheminée et voir comment il brûle. Un gros bâton lui est un talisman, un sceptre, une béquille d'éclopé, l'épée d'une grande bataille sanguinolente, une canne de randonneur à gros mollets, un fusil à pompe, une canne à pêche, une brochette de merguez, que sais-je. Trois planches couronnées d'un torchon sont une cabane somptueuse. Son vélo, une licorne. Son vélo avec un torchon flottant au vent, c'est un hors-bord arborant un pavillon pirate. Son vélo accidenté parce que le torchon s'est pris dans les rayons, c'est l'épave du *Titanic*, et le bobo consécutif à son genou, le drame du siècle.

L'enfant est créatif, sans mesure et sans limites. S'il prophétise qu'il sera un jour un immense artiste, un footballeur génial, un irrésistible conquérant ou un inoubliable préfet du Loir-et-Cher[1], ce n'est pas forcément par vantardise. S'il est très jeune, il y croit sincèrement. Puisque d'autres y sont arrivés, pourquoi pas lui ? Plus tard, si ses parents n'ont pas su gentiment lui remettre les pieds sur terre (c'est-à-dire en le chatouillant un peu pour que ça ne fasse pas trop mal),

1. Je n'ai rien contre le Loir-et-Cher. Et pour cause, j'y suis né !

la vie se chargera, elle, d'imprimer une leçon de réalisme dans sa chair, au fer rouge s'il le faut (avec un peu de chance et beaucoup de travail, peut-être sera-t-il quand même sous-préfet de Vierzon[1]).

Tout est une affaire de juste milieu. C'est une bonne chose de ne pas forcément tirer des plans sur la comète (rares sont ceux qui pensaient devenir présidents en se rasant et qui sont parvenus à leurs fins, surtout chez les femmes), mais il ne s'agit pas non plus de croire que *rien* ne pourra *jamais* se faire. Émile Coué lui-même, quand il discourait sur sa fameuse méthode d'autosuggestion, expliquait qu'il fallait croire en soi et dans l'avenir, mais, insistait-il toujours, dans les limites du raisonnable. « Tu ne seras peut-être pas président, mon fils, mais pour autant, tu ne feras pas forcément partie des "gens qui ne sont rien" », pour reprendre les propos d'un véritable locataire de l'Élysée.

La créativité, c'est aussi se laisser surprendre

Si on ne fait rien qu'à copier la créativité d'un enfant, nous ne devons pas simplement imaginer du piteusement possible, mais du légèrement improbable. Nous devons croire qu'un brin de talent inattendu, d'assistance supplémentaire, de chance providentielle, rehaussera notre vie d'une discrète touche de

1. Je n'ai rien contre Vierzon. D'ailleurs, j'y suis né aussi.

chatoyant bien-être. Nous ne devons pas uniquement nous programmer des étapes soigneusement balisées, métro, puis boulot, puis dodo, études, mariage, profession, retraite, puis la mort, pis c'est tout, mais nous amuser à bousculer cet édifice trop terne et trop carré. Nous devons ménager une place pour l'inattendu, nous laisser une marge de manœuvre pour l'opportunité qui pourrait donner un brusque coup d'accélérateur ou un étourdissant coup de volant à notre train de sénateur. Autrefois, et ce n'est pas une légende, même si cela n'avait rien d'universel, on pouvait garder une place à table pour quelqu'un qu'on n'attendait pas (une voisine chenue m'a expliqué qu'elle avait fait ça toute sa vie, dans sa ferme, alors qu'elle avait toujours au moins une dizaine de personnes à table. Fallait être motivée. Ou en l'occurrence, ne pas avoir le choix…). Même si l'on veut organiser notre vie comme un plan de table, alors oui, il faut laisser une place vide pour tous ceux qui viendraient de loin nous parler d'horizons que nous ne connaissons pas, tenir un discours différent, nous sortir de la routine rassurante (mais zonzonnante). Sans laisser la vie ouverte aux quatre vents, ne la cadenassons pas, ayons un double des clés à confier à des invités surprise. Laissons les bienheureux hasards se faufiler, ne nous contentons pas de laisser le malheur forcer la porte.

S'autoriser à prendre des cours de danse alors qu'on ne l'avait pas prévu, aimer quelqu'un qui ne semble pas fait pour nous, explorer un style musical qui nous paraissait rébarbatif, renouer avec des amitiés sorties du paysage, s'autoriser tout cela sur un coup de tête, un coup de cœur, un coup de folie, c'est se donner l'occasion de désapprendre, de s'orner d'autre chose que de cette défroque d'adulte calé sur ses rails et qui nous momifie. C'est reconnaître que la vie est vivante, impétueuse, imprévisible, et que plus on prétend la dompter, plus elle nous jette à terre.

Ce que nous dit l'enfant :

« La créativité,
ce n'est pas que la création :
c'est se renouveler. »

L'enfant présente une capacité virtuose à… à… waaaaouh !

Il vit au Pays des merveilles. Ou au Pays imaginaire, chez Peter Pan, l'enfant qui ne voulait pas grandir. Et ce pays, c'est bien souvent le nôtre. *Cette* réalité.

Car l'enfant, c'est bien simple, tout l'épate ! Déjà, ses parents sont des géants. Les plus grands du monde, plus grands que la tour Eiffel, plus forts que des super-héros, plus sages que Dumbledore, mais avec moins de barbe. Il suffit que papa décide de mettre des lunettes de soleil pour sortir, que maman se maquille, et la magie s'invite au quotidien. Oh, le beau petit chien tout crasseux, tout hargneux, et pourtant tellement magnifique ! Oh, le super scooter tellement impressionnant parce qu'il pétarade avec son pot d'échappement qui devait déjà être une antiquité à la fin du XIXe siècle ! Chouette, ils ont refait l'immense espace jeux du McDo ! Ils ont peint un incroyable lapin qui joue au basket ! Ouah, les Kids United ! Comme ils sont cools, comme ils chantent bien, des super chansons qu'ils ont eu le génie de composer tout seuls et sur lesquelles ils improvisent des chorés tombées du ciel !

Je m'émerveille si je veux !

Tout peut être prétexte à l'émerveillement. L'enfant n'a pas encore appris la valeur des choses, les canons esthétiques, la hiérarchie des biens de consommation, la destinée plutôt ordinaire de ceux qui lui ont donné le jour. Il n'a pas encore mis d'ordre dans tout ça, l'école n'a pas encore donné un bon coup de balai, pas plus que les ricanements des copains devant son mauvais goût (puisque le leur est encore plus mauvais) ne lui ont enseigné le cynisme. Pour l'instant c'est merveilleux d'être au monde, dans ce monde-*là*, avec ces parents-*là*, dans ce corps-*là*, avec ce destin-*là*, qui reste certes flou mais qu'on imagine aussi étincelant que le présent. Et puis on grandit, on subit des revers, des humiliations, des démentis, on ploie sous le coup des mauvaises nouvelles mondiales auxquelles on ne comprend rien et que les adultes, eux, font mine de maîtriser alors qu'ils se contentent de les laisser couler en buvant la tasse. Et le château de conte de fées se lézarde, on voit qu'il ne s'agissait que d'un décor fragile, d'un mauvais trompe-l'œil, dont la perspective et les reliefs sont finalement bien plats. Certes, on retrouvera bien des moments d'émerveillement. En tombant amoureux, en voyageant, en ayant des enfants, et puis au gré de quelques soirées amicales. Mais ce seront des vestiges.

Et pourtant, l'émerveillement, ça se cultive. L'enfant, lui, s'émerveille d'abord, et réfléchit après. Il est bouleversé par la nouveauté, intrigué, il veut comprendre comment ça marche, démonter le moteur, caresser le petit chien, essayer le nouveau gadget. Il ne cartographie pas *avant* d'avoir exploré. Nous, c'est l'inverse. Nous avisons d'abord, et nous nous réservons le droit de nous émerveiller ensuite, ce qui ne veut pas dire que nous en abusions. Nous refusons d'emblée de voir ce film, d'écouter cette chanson, de faire plus ample connaissance avec quelqu'un qui ne nous semble pas du même bord politique, nos perceptions sont filtrées par nos idées reçues, nos a priori. Nous, on ne mange pas de ce pain-là ! On sait déjà à quoi s'en tenir ! On a déjà vécu cette expérience par procuration, en imagination, et on préfère s'en dispenser dans la réalité. On juge le plat sans savourer, sur la seule foi de ses ingrédients ou d'une photo grossière.

Puis, à l'extrême rigueur, si l'expérience est digne de nous, nous la tentons, et nous la trouvons fantastique par peur d'afficher notre déception. OK, ce prix Goncourt n'est pas grandiose, mais je suis fier de l'avoir acheté. Tiens, cet autre livre, en revanche, est merveilleux, peut-être pas parce qu'il est époustouflant en soi mais parce que j'aurais aimé l'écrire : c'est dire sa qualité. Nous nous émerveillons le plus souvent lorsque nous nous autorisons à le faire, que notre approbation ne trahira pas d'incohérence avec notre monde intérieur.

Prenons conscience de ce phénomène de filtrage, de ces biais. Essayons plus souvent, si nous sommes fans de *heavy metal*, de donner sa chance à l'accordéon. (Prévenez-moi si vous tentez le coup, je veux voir ça.) Oui, enfin, c'est un petit peu extrême… On ne nous demande pas de nous renier non plus ! Il ne s'agit pas de se forcer mais d'accepter la sensation forte qui peut nous saisir et de ne pas, à ce moment-là, la refouler sous prétexte de bon goût, d'intellectualisme, ou d'esprit de sérieux. À tout âge, on peut être ébloui par la beauté d'un visage, ou la bienveillance qui s'en dégage. À tout âge, on peut être époustouflé par un panorama. Un tableau peut nous émouvoir, même s'il ne paie pas de mine, même s'il n'est pas signé par un grand maître mais par un barbouilleur du dimanche qui expose dans une salle des fêtes. À tout âge, une musique peut nous arracher des larmes.

Viva les Reacts !

Certains youtubeurs se spécialisent dans la veine *Reacts* ou *First Time Hearing*. C'est-à-dire qu'ils se filment en train de découvrir des chansons que leur communauté leur a suggérées. On peut bien sûr y voir de l'orgueil : quelle idée de s'offrir en spectacle au monde entier alors qu'on découvre l'eau chaude !

Pourquoi diable avouer son ignorance benoîte d'un répertoire aussi élémentaire que celui des Beatles ou des Stones ? On peut aussi apprécier la démarche dans l'autre sens : après tout, ce sont des jeunes gens qui ne demandent qu'à apprendre et qui donnent l'exemple en se constituant volontairement une culture. En tout cas, amusez-vous à regarder par exemple différentes vidéos consacrées à la découverte de *Let It Be*. Vous y verrez souvent des jeunes gens d'une vingtaine d'années qui n'ont pas une culture musicale très étendue, qui goûtent la soupe qu'on leur sert à la radio, ou peut-être du rap (celui aux paroles télégraphiques, pas celui vraiment imprégné de poésie), et qui tombent littéralement en arrêt avec cette chanson. Il n'est pas rare, à la moitié, de les voir fondre en larmes. Ils n'ont pas l'habitude, ce n'est pas leur univers, et pourtant quelque chose d'universel leur parle. C'est une chanson sur le deuil et l'acceptation, or ils ont tous perdus quelqu'un, au minimum quelque chose en eux, un bout de foi en la vie, une espérance. Et ils pleurent. Cueillis ! Quelques-uns disent même que cette chanson changera leur vie. Ça, c'est de l'émerveillement ! Plus âgés, ils se seraient peut-être dit : « Moi, j'écoute pas cette musique de vieux. » Plus d'un se serait interdit d'éprouver une émotion si forte. Mais ils ont l'honnêteté de laisser affleurer la part d'enfance en eux. Ils s'autorisent l'émerveillement d'abord, et réfléchissent après.

Je ne saurais trop vous conseiller le spectacle hallucinant des quelques jeunes gens américains qui découvrent la chanson française. Micheul Sawwwdiou ! Débiouttt de soiwwwée ! Daylida ! Ce qu'on se serait senti déshonoré d'apprécier au sein de notre bande de copains quand on était ado déclenche chez eux l'enthousiasme. La découverte sans a priori de Claude François les émerveille. Le regard est neuf, le mental est souple, ils ne prétendent pas savoir ce qui relève du bon goût comme nous, si difficiles. Par contrecoup, en observant leurs réactions, nous voilà tentés de bâillonner notre juge intérieur et de nous émerveiller enfin, nous aussi, à retardement, de ce que nous avions sottement refusé d'aimer.

Tous avec moi : « Moi je veux moulil sul scèneuh... »

Ce que nous dit l'enfant :
« Ouaaaaaouh... T'as vu ?
Non mais t'as vu ?... Tu vois même pas. »

Pour l'enfant, l'infini, c'est permis

C'est un virtuose de l'équilibre. Plus exactement, de la *conquête* de l'équilibre. Il valdingue, dégringole, et badaboum, et patatras, même pas mal, il se relève et recommence. Si, il parviendra à attraper le chat ! Si, il titubera tout seul jusqu'à la poubelle et parviendra à l'ouvrir (tous aux abris quand il lui prendra l'idée, aussi, de la vider) ! Si, il courra bientôt plus vite qu'un écureuil, que le camion-poubelle ou que l'avion qui laisse un panache de fumée tout là-haut, dans le ciel, juste à l'étage en dessous de la lune où Thanos tond sa pelouse !

La beauté de ce qui n'est pas

Mais il parvient également à un autre équilibre. Psychologique. Celui entre le monde réel (qu'il se montre toujours empressé de conquérir), et l'imaginaire (avec son père Noël au pôle Nord, dans la cheminée, ou dans la chaudière à granulés, c'est selon), qui n'est jamais qu'un autre espace à conquérir. L'enfant s'intéresse au décryptage du monde. Ça le passionne. Un Champollion sur ressorts ! « Et pourquoi ci, et pourquoi ça, et pourquoi ci, déjà ? Pourquoi tu perds des cheveux, pourquoi les arbres sont verts, pourquoi on n'a pas trois yeux, pourquoi il faut porter un masque dans le bus mais on le fait pas, et pourquoi on meurt, et pourquoi on vit, et pourquoi il y a des gens qui sont pas heureux, et pourquoi les grands ils se demandent moins pourquoi ? » Il s'agit bien d'un immense continent inexploré qu'il lui faut cartographier, en glanant des informations qu'il recoupe et classifie selon leur degré possible de véracité. Voir la vie comme les grands, et faire la même chose qu'eux, être aussi grand qu'eux, aussi fort, aussi bon cuisinier, aussi virtuose au volant, aussi drôle, aussi impressionnant, mais moins bête quand même, c'est l'assaut du réel. Le monde l'attend de pied ferme ? Il ne sera pas déçu !

Pour autant, l'enfant n'est pas exclusif. Il accorde une place égale à l'autre pôle, le monde de ce qui n'existe pas. Les choses ne sont pas très claires mais il sait bien, au fond, que les licornes se font rares, que les super-héros prolifèrent sous d'autres climats, et qu'avec un peu de chance les monstres qui menacent de le dévorer chaque soir ne sortiront jamais de leur tanière, introuvable car non répertoriée par des esprits sérieux. Sur la ligne fluctuante et poreuse de démarcation entre le vrai et le faux, il y a donc de la place pour nicher de l'imaginaire dont il devine qu'il n'a aucune chance de s'inscrire dans le monde réel, et ceci, grâce au *jeu*.

Là, il peut tout se permettre en catimini, sans devoir rabattre son caquet face aux faits, aux lois et aux exigences des grands. Il peut imaginer qu'il est le méchant, qu'il va tuer quelqu'un, va voler des yaourts, ou engloutir le supermarché du coin dans un Himalaya de crottes de nez pour devenir célèbre et être élu président du monde. Tout est possible quand rien n'effraie.

Du temps pour rien (c'est le plus précieux)

À l'adolescence, alors là, évidemment… Le réel, l'impossible, l'interdit, l'impuissance, gagnent du terrain. Plaît-il, la vie, ce n'est que *ça* ? Pas si mal, mais tellement en deçà des possibilités ! D'accord, les licornes n'existent pas. Quant au père Noël, les sources les mieux renseignées nourrissent de sérieux doutes. On se surprend à jouer au foot en respectant l'interdiction du hors-jeu. On se cramponne toujours plus à sa console vidéo, qui certes explore parfois des lieux sans limites apparentes, mais qui rend l'imagination obsolète. Pas besoin de se peindre un pays, une situation, une personnalité qui n'existe pas, tout nous est livré, et si nous sommes actifs pour explorer des mondes, l'imagination est totalement inutile puisqu'on est condamné à les recevoir passivement de notre fauteuil et non à les concevoir. On visite la galerie, mais on ne peint pas. On lit, on n'écrit plus dans sa tête. Ou si peu.

À l'âge adulte, quand on n'est pas artiste, où est l'imaginaire ? Là encore, on explore celui des autres : jeux vidéo, films, livres... Mais que crée-t-on ? Quelle histoire, même malhabile, pataude, se délecte-t-on à imaginer, pour le plaisir d'être quelqu'un d'autre, pour rire ? Pour passer le temps ? D'ailleurs, quel temps ? Encore faut-il le trouver ! Sachons restaurer cet espace de jeux. Redonnons-lui une place. Tout le monde ne peut pas créer quelque chose, en peignant, en écrivant, en composant. Mais tout le monde peut partager les jeux d'enfants, surtout des plus jeunes, imaginer les personnages improbables auxquels il arrive tout, et rien. Soyons pour quelques minutes des monstres, des êtres malfaisants, des clowns, des figures de légende, des malades chez le docteur, des petits chaperons rouges qui échappent au loup ou le mangent, tout est ouvert. Et puis, pour nous seuls, prenons quelques instants pour jouer à ce que pourrait être notre propre vie. Ce que nous pourrions encore faire, découvrir, ceux que nous pourrions encore connaître, avec qui nous pourrions nous réconcilier, quel projet professionnel on pourrait désormais échafauder... Comme ça, pour rien, par jeu. Accordons-nous d'imaginer, même en pure perte. Même pour rire. Et surtout, par pitié, pour rire.

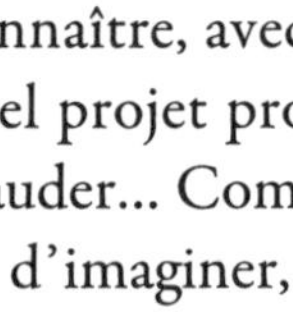

Ce que nous dit l'enfant :
« Tu viens jouer avec toi ? »

L'enfant est coincé dans l'instant présent, mais pas à l'étroit

Il existe une foultitude de méthodes plus ou moins anciennes, sérieuses et lucratives pour nous faire savourer l'instant présent. Elles constituent parfois une véritable discipline en soi, qui nécessite des plages horaires spécifiques : « Le vendredi de 16 à 18 heures, j'ai méditation. » Eh oui, il faut aménager son temps pour jouir d'un instant présent pourtant présent à chaque instant...

Passé et futur, les squatteurs d'aujourd'hui

L'enfant, lui, n'a pas besoin de tout ça. Il est concentré, attentif à ce qu'il fait (ou bien à ce qu'il voudrait faire, et dans ce cas il prend un malin plaisir à ne pas se concentrer). « Tu dis que c'est l'heure que je prenne mon bain, mais moi dans mon futur immédiat je préférerais aller un peu sur la console, et ton instant présent à toi, je vais l'étirer au maximum pour y entrer au moment où tu auras envie d'en sortir, on va se croiser. » Ah, le filou !

Quand il est motivé, que sa curiosité est piquée ou son plaisir assuré, là, l'enfant s'installe dans l'instant présent, jusqu'au cou, à pieds joints, les yeux grands ouverts. Si nous avons tant de mal à y parvenir, nous qui avons vu tant d'instants présents que nous ne savons plus les reconnaître, c'est que nous nous laissons parasiter, envahir : le passé, c'est du lierre, et l'avenir, du leurre. Nous n'en finissons pas de ruminer, régurgiter, mal digérer, et ressusciter sans cesse des bribes des temps enfuis pour qu'elles nous torturent plus encore. Ce sont les silhouettes et les instants d'antan qui reviennent nous hanter au vent de la nostalgie. Les regrets de l'époque que nous ne retrouverons jamais, mais dont nous goûtons les échos par procuration avec nos propres enfants. Et les remords d'événements qu'on aimerait retoucher, biffer, rayer, ou dont on voudrait incarner une représentation plus digne après ce tour de chauffe raté, cette répétition générale pas au point, pendant notre jeunesse. Si seulement cet instant présent là n'avait pas eu lieu, ou si on l'avait vécu autrement, ou si on avait pu le prolonger, ou si on pouvait en revivre rien qu'un ersatz, une caricature, n'importe quoi qui puisse faire illusion…

Mais l'illusion, c'est aussi le futur, que l'on voudrait comme ceci alors qu'il n'arrivera jamais tel qu'on l'avait prévu, ou bien si, mais nous ne le vivrons pas de la manière attendue. Et puis nous ne voudrions pas vieillir un jour parce que nous avons peur, nous nous voyons déjà malheureux, souffrants. Et il y a pire que la mort : la redouter. L'instant présent est tiré à hue et à dia, un de nos pieds toujours en arrière, enlisé, ensablé, et l'autre trop en avant, incertain mais précipité quand même : si vous êtes comme moi, vous souffrez dans votre chair rien qu'en vous représentant un tel écartèlement ! Quelle souplesse il nous faut pour osciller d'un pôle à l'autre sans déséquilibre, quel luxe de précautions pour jouer les funambules sur le fil de la vie ! Alors qu'avec les deux pieds dans le même sabot, les œufs dans le même panier, en l'occurrence l'instant présent, on est débarrassé de ces cochonneries qui ne demandent qu'à nous coller aux basques ou nous faire de faux signaux lumineux là-bas, à l'horizon lointain, pour mieux nous entraîner vers les récifs. Nous partageons nos jours avec un cadavre, le passé, et un traître, le futur. Et l'aujourd'hui qui nous souffle de vivre, qui place sur notre voie tant d'amitiés possibles, de plaisirs inédits, nous l'ignorons, au sens où nous ne le connaissons pas. Nous l'ignorons aussi au sens où, le connaîtrions-nous, nous le snoberions.

Ode au fameux lâcher-prise

L'enfant, lui, par la force des choses, n'est pas entravé par les regrets, et son bon vieux temps, c'est maintenant. Par la force des choses encore, le futur n'est qu'une abstraction. L'enfant ne sera jamais grand, jamais vieux, jamais mort, jamais morne, ni tristement incarcéré dans un métier qui ne l'intéresse pas ni souffreteux dans un corps qu'il n'imagine pas autrement que vigoureux. S'il se pense invulnérable, c'est qu'il ne soupçonne pas les dangers, et surtout pas les pires, ceux qui viendront un jour à coups de peur, de désenchantement, de mauvaise conscience, de traumatismes, de plaies.

Certains d'entre nous ont besoin de l'ivresse, de la vitesse, du sexe, pour nous épousseter des instants superflus crachés par le passé ou esquissés par l'avenir. Mais en dehors de ces rituels parfois risqués, il est tout à fait possible, et de manière très spontanée, de réagir à ce que nous vivons, pas à ce qui n'existe pas ou plus. La spontanéité dans nos émotions, notre élan vers autrui, notre humour, notre amour de l'art, du beau, de l'inattendu, ne relève pas d'une technique. Car plus nous voulons maîtriser la survenue d'un phénomène, plus nous nous rappelons qu'il n'est pas encore à notre portée. Ce n'est pas en bandant notre arc qu'on atteint la cible, mais en lâchant la flèche. Ce n'est pas en courant après des stratagèmes que nous arrivons à prendre conscience de l'instant présent, mais en renonçant à tout effort. En lâchant prise. Appelons ça comme on voudra, de l'indifférence, du je-m'en-foutisme, mais le présent ne se révèle que lorsque nous renonçons à le voir. Nous n'ouvrons même pas la main pour laisser s'envoler le passé, nous ne la tendons même pas vers l'avenir, ni ne cherchons à accueillir ce qui est. Lâcher prise, c'est renoncer, et pas : « Encore un effort pour être cool. » Nous n'avons pas à faire de mouvement vers le présent. C'est lui qui nous attend.

Ce que nous dit l'enfant :
« L'instant présent est unique,
mais il arrive tout le temps. »

L'enfant est égoïste (mais nous faisons partie de son ego)

Bon nombre de psychologues ont longtemps cru que l'enfant représentait un sommet d'égoïsme. Uniquement tourné vers *sa* satisfaction, *son* plaisir, inconscient de l'existence d'autrui, en tout cas indifférent. Comme si les autres n'étaient qu'un décor, ou des marionnettes superflues dès lors qu'elles ne sont pas utilisables pour accomplir sa volonté.

« Pervers polymorphe », « égocentrique », et autres joyeusetés

Ne fut-il pas décrit par une tradition freudienne mal digérée comme un « pervers polymorphe », ne songeant qu'à satisfaire les pulsions de sa sexualité déjà exigeante ? Ou comme une créature hybride, une chimère, mi-lui-même, mi-sa mère, incapable de considérer que celle-ci était dotée d'une existence à part entière ? Heureusement, le vaillant père venait mettre un peu d'ordre là-dedans en instaurant une bonne fois pour toutes la loi et l'ordre, et en libérant les deux protagonistes de cette fusion malsaine. Ultérieurement, l'approche piagétienne ne versa pas dans de tels excès. L'enfant était plus égocentrique qu'égoïste, c'est-à-dire qu'il privilégiait son point de vue, ne parvenait pas à se décentrer, à se mettre à la place des autres. Moins monstrueux, mais encore pas brillant.

On sait aujourd'hui qu'il n'en est rien, que dès trois ou quatre ans, l'enfant acquiert ce qu'on appelle la théorie de l'esprit, qui accompagne l'émergence de l'empathie : il sait se mettre à la place des autres, tenir compte de ce qu'ils ressentent, ce qu'ils veulent, ce qu'ils savent. Il n'est pas si égocentrique. Mais est-il si égoïste ?

Comme tout le monde, y compris nous autres, les vieux (pardon : les grands), il préfère ses familiers aux inconnus, et parmi ses familiers, il préfère ceux qu'il aime et qui l'aiment le plus. C'est-à-dire nous, ses parents. Et la fratrie, et les animaux de compagnie, et peut-être ses meilleurs amis ou, le cas échéant, sa nounou. Bref, il se constitue son petit univers, sa bulle d'amour et d'affection qui compte plus que tout et tous au monde. Il est tout à fait capable de satisfaire notre propre égoïsme en nous appréciant, autant qu'en s'appréciant lui-même. Et il ne veut que notre bonheur ! Il a horreur de nous voir pleurer, non seulement parce qu'il éprouve un peu de nos souffrances, mais parce qu'il ne comprend pas comment nous pouvons nous sentir ainsi désarçonnés, nous qui sommes censés nous montrer toujours plus fort que l'adversité. Plus encore, il déteste sentir que nous sommes contrariés à cause de lui. Et le plus insupportable, c'est quand il sent que nous sommes, non pas en colère, mais tristes par sa faute… Il est hanté par la peur de nous décevoir. De ne plus être aimé, et pour de bons motifs : c'est-à-dire de ne plus le mériter. Il redoute notre désapprobation, notre colère, par conséquent que nous cessions de l'aimer. Il a peur de se sentir exilé, de ne plus se voir au centre de notre monde.

L'altruisme sélectif

L'enfant est donc capable d'un égoïsme tout relatif. Tout dépend à qui il a affaire. Nous, adultes, en sommes au même point ! Certaines souffrances nous touchent moins que d'autres, selon qui souffre. La maladie, le deuil, le licenciement ou le traumatisme enduré par quelqu'un de très proche est infiniment plus cinglant que le dénuement de l'inconnu dans la rue, ou la mort de centaines de victimes anonymes au bout du monde. Et nous aussi, nous voulons le bonheur des gens que nous aimons. Nous leur souhaitons du bien, autant par désintéressement que pour éviter l'inconfort de nous sentir impuissants ou responsables.

Il y a quelque chose de terrifiant dans ce constat. On voudrait croire que chaque être humain compte autant à nos yeux, que nous ne faisons pas de préférence, qu'il n'y a pas de hiérarchie, chacun étant également digne de respect et d'intérêt. N'empêche que si on nous demandait de nous sacrifier pour sauver la vie de notre enfant, il ne nous viendrait même pas à l'idée d'hésiter. Convenances sociales mises à part, si la chair de notre chair est en danger, il serait dans l'ordre des choses que nous nous effacions. Mais s'il nous faut nous sacrifier pour sauver la vie de quelques individus que nous ne connaissons pas, nous serons tentés de demander en quel honneur. Nous savons très bien que rester ici-bas pour accomplir la mission sacrée d'accompagner encore notre enfant constituerait d'ailleurs un excellent motif de refus : « Désolé, toi que je ne connais pas. Je préfère *te* sacrifier pour que mon enfant vive. Ne m'en veux pas trop, si tu es parent toi-même tu sais pertinemment que c'est la règle en pareil cas. »

L'égoïsme de l'enfant peut donc nous inspirer. Il est à géométrie variable. Lui aussi préfère sa propre existence à celle d'autres enfants qu'il ne connaît qu'à peine, mais préfère-t-il sa propre existence à la nôtre ? La question est vertigineuse mais n'a pas vraiment de sens puisqu'il ne conçoit pas sa vie sans nous. Et son amour pour nous ne constitue pas la marque ultime de l'égoïsme (« Mes parents doivent vivre, pour éviter mon malheur à *moi*. »), non, c'est un cri du cœur. Jamais lui sans nous, de même que jamais nous sans lui.

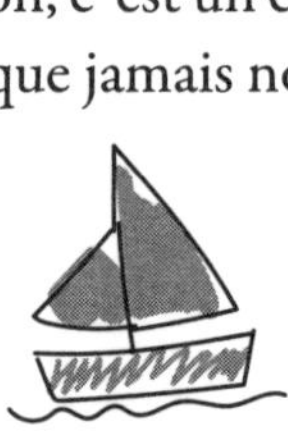

Ce que nous dit l'enfant :
« L'amour, c'est l'égoïsme à plusieurs. »

L'enfant sait ce qui compte, et ceux qui comptent

Pour lui, les choses sont simples. Il se trouve certes face à un monde complexe dont il ne comprend pas tout, mais il considère que les parents, et l'école dans une moindre mesure, sont là pour lui donner les clés. L'environnement est obscur, le monde reste à découvrir, mais ce n'est qu'une question de temps avant qu'il en détienne le code. Il y a le bien, il y a le mal, il y a les grands, il y a les petits, les catégories sont larges et commodes à manipuler. Et la pluie de « pourquoi ? » qui parsème l'enfance permet d'établir des relations de causalité unique et linéaire : s'il se produit tel phénomène, c'est parce qu'il y a telle cause singulière, et point final. Pourquoi papy est malade ? Pourquoi il y a des guerres ? Pourquoi la planète se réchauffe ? Pourquoi les chiens aboient ? Toutes les questions sont valables, et l'absence de réponses génère une profonde satisfaction. Ne serait-ce que parce que l'adulte n'est pas omniscient ni infaillible (ou alors, pas toujours disponible...).

Une question, mille réponses

Hélas ! En grandissant, on s'aperçoit qu'un phénomène peut avoir de multiples causes, d'autant plus indiscernables qu'elles sont inconstantes et de force inégale. Et plus on grandit, plus on concède que tout est dans tout (et réciproquement). Le réchauffement climatique peut avoir des conséquences politiques, les décisions politiques ont des conséquences environnementales, la religion et la culture peuvent résonner, et de nombreux destins se fabriquent par hasard, pas seulement parce qu'on les a voulus ni parce que le monde est juste, mais bien parce que de multiples facteurs personnels, culturels, familiaux, se sont indissociablement mêlés.

Et chacun, avant même l'adolescence, devient un Hamlet miniature. Être ou ne pas être ? Qui dois-je croire dans un monde aussi compliqué ? Q'est-ce qui est vraiment bien ou mal ? Est-ce que j'ai vraiment prise sur quoi que ce soit pour rendre le monde meilleur ? Qu'est-ce que je dois faire pour me sentir à ma place, dans mon rôle ? Qu'est-ce qui m'attend vraiment ? Est-ce qu'on m'aime vraiment pour ce que je suis, ou pour d'autres causes qui après tout n'ont rien à voir ?

Quel est le mode d'emploi de la réalité ? La vie, tout compte fait, n'est pas une chanson dont il suffit d'apprendre les paroles par cœur, mais une cacophonie prodigieuse dans laquelle on ne sait plus à quelle voix se vouer. Cette complexité nous enseigne l'impuissance, et nous invite à son corollaire, la paralysie. Impossible de faire la planche comme quand on était petit : on doit se débattre à contre-courant, voire dans une multitude de courants qui s'entrechoquent et créent des tourbillons.

Mille questions, zéro réponse

Et l'on en vient à regretter le bon vieux temps où tout était plus simple. Il ne s'agit pas de revenir à la présomption, à l'ignorance ou à la naïveté. Mais de mettre un peu d'ordre dans ce foutoir, pas à l'extérieur mais en nous, déjà. De nombreuses pratiques de psychothérapie consistent aujourd'hui à se recentrer sur l'essentiel, pour que le superflu demeure à l'arrière-plan. *Qu'est-ce qui* compte vraiment pour nous ? *Qui* compte vraiment ? *Que* devrait-on accomplir en absolue priorité, eu égard à quelles valeurs principales sur lesquelles nous refuserons toujours de transiger ? Nous recentrer, nous recadrer, nous décharger de l'inutile. Nous déconnecter. Trouver notre cap, notre boussole, notre système de valeurs pour nous structurer et redonner un coup de gouvernail chaque fois que des dérives pourraient nous entraîner trop loin. Vivre pour des gens triés sur le volet, sans haïr, mépriser, ni ignorer les autres, mais en ne s'autorisant rien au détriment de ces plus proches. Décider quelles sont nos passions, nos réalisations, nos lignes rouges, et mettre le paquet. Retrouver ce qui a du sens, le préserver envers et contre tout. Se rappeler ce qui mérite de nous tenir debout dans un monde qui s'écroule, debout pour survivre mais aussi témoigner de ce qu'est encore la dignité. Décider ce qui vaut la peine d'aimer et d'être aimé. Ce qui devrait nous symboliser quand nous disparaîtrons.

L'enfant réussit le prodige d'être toujours disponible pour la nouveauté, toujours curieux, en ne s'éparpillant pas. Bien sûr, tout l'intéresse, les pompiers, les princesses, les super-héros, à quoi ressemblait mamie quand elle était jeune, pourquoi il y a des coccinelles rouges à points noirs et d'autres noires à points rouges, est-ce que le soleil va s'éteindre, et pourtant, il ne perd pas de vue l'essentiel. Il sait à qui il veut plaire, et par qui il veut être aimé. Il sait ce qu'il a à faire pour se sentir récompensé, ou pour éviter des désagréments. Il est ancré, quelle que soit la latitude d'exploration qu'il se donne. Il sait à quel port revenir quand les courants l'emmènent trop loin. Il n'est pas encore contaminé par le relativisme qui fait accepter (ou rejeter) absolument tous les points de vue. Ça ne veut pas dire qu'il a raison. Mais ça veut dire qu'il est plus heureux que nous. Ça se défend…

Ce que nous dit l'enfant :
« Tu te prends la tête,
mais elle est trop lourde. »

L'enfant dit ce qu'il pense (même quand il ne pense rien)

Au rang des exploits de l'enfant dus à sa spontanéité, rangeons les quatre vérités qu'il n'hésite pas à asséner avec une bonhomie désarmante. Si tata sent mauvais, qu'un cousin postillonne ou que mamie a de la barbiche follette et que jamais personne n'a osé le leur avouer, ils seront au courant rapidement.

Vivre ensemble, mais muets…

On dit que la vérité sort de la bouche des enfants et qu'ils n'ont pas leur langue dans leur poche : tout ce qu'il faut pour décrire la réalité sans s'encombrer des ronds de jambes et circonlocutions dont les adultes se sont fait les spécialistes ! En un mot, bien qu'on leur inculque les mercis et s'il vous plaît, ils n'ont aucune notion de diplomatie. Tout ce que nous réfrénons par convention et parfois par hypocrisie, ils vont nous mettre le nez dessus. C'est son absence de volonté de nuire qui nous fait pardonner sa spontanéité à l'enfant. Il nous assène une vérité qui dérange, mais sans penser à mal. Il chatouille là où ça fait mal.

Nous avons perdu, nous les grands, ce talent pour la révélation de ce qu'on voudrait cacher. Ah, si on pouvait parler comme lui ! « Tiens, tu as une perruque ! » ; « Eh ben alors, encore en train de boire de la bière ! » ; « Pourquoi tu te laves jamais ? » ; « Ta voiture, elle est belle mais elle pollue, m'as-tu-vu ! » ; « Ton gamin est insupportable, tout le monde le dit dans ton dos ! » ; « J'en ai marre de te voir, parce que tu es toujours en train de te plaindre ! »… Imaginons tout cela transposé chez nous, dans notre sphère de gens civilisés et cordiaux jusqu'à l'obséquiosité. Mon Dieu, ce serait la *guerre civile*.

À y regarder de près, pourtant, nombre d'adultes conservent leur spontanéité d'enfant. Le plus souvent, c'est pour nous insulter. Oh, comme ils ne s'embarrassent pas d'alambiqués salamalecs pour nous injurier au volant ! Tiens, quelle franchise lorsqu'ils apprennent que nous votons à droite alors qu'ils sont de gauche, ou réciproquement ! Et tous ceux qui ont levé le coude ou qui n'ont pas fumé que le calumet de la paix, et qui viennent nous chercher des noises ! Si on se coltine l'appendice nasal de Cyrano, l'enfant va le remarquer mais il ne lui viendra pas à l'idée de le viser avec un lance-pierre. L'adulte balourd, si. Faut-il également mentionner les gentilshommes incapables de réfréner leurs commentaires lourdingues quand passe une femme à leur goût ? Ceux-là sont spontanés comme des enfants, oui, mais comme des mal élevés. Des sales gosses. Rien à voir !

Nos vérités à nous

L'enfant décrit sans filtre, mais sans agressivité. Nous, nous prenons nos distances et nos précautions comme si toute ressemblance entre notre appréciation sincère et la réalité ne devait être que fortuite, ou malencontreuse. Nous nous excusons de voir, de dire, mais, au nom des dégâts que la spontanéité de notre jugement pourrait causer, nous nous bâillonnons en serrant bien fort. Pourtant, une vérité claire et nette, sans penser à mal, rendrait service à tant de gens, à commencer par nous-mêmes ! Surtout que notre spontanéité, plutôt qu'écorner l'extrême contentement que certains fâcheux cultivent à leur égard, pourrait aussi rassurer, encourager : même les compliments, nous hésitons à les décerner ! Nous craignons de mal faire, alors nous taisons le bien que nous pensons. Attaquer quelqu'un ne se fait pas, le caresser non plus… Ne reste qu'une aimable neutralité de façade.

Mettre un peu plus de franchise dans nos vies ne signifierait donc pas s'autoriser à faire n'importe quoi. Attention aux petites piques qui lacèrent en prétendant égratigner. Et puis, c'est nous-mêmes que notre manque de sincérité fait le plus souffrir. On peut déplorer de ne pas oser dire son fait au patron ou conjoint, mais on ne se regarde pas en face non plus ! On biaise, on enrobe, on tricote, on fait mousser, on est complaisant avec soi-même. On se trouve des excuses et des alibis plutôt que de reconnaître notre part de responsabilité dans les déboires que nous connaissons. Ce n'est pas notre faute, c'est toujours nos parents, nos collègues, ou Dieu lui-même (qui n'avait que ça à faire) qui nous ont rendu malheureux. Il est rare, en tout cas trop rare, que nous constations notre sottise, encore plus rare que nous la claironnions à la planète entière. Ou alors, pour des choses sans conséquences : on a perdu nos clés, ou laissé tomber notre parapluie. Il est plus rare que nous reconnaissions immédiatement avoir mal agi, ou lâché un commentaire à côté de la plaque sur les réseaux sociaux.

Il est plus exceptionnel encore que nous nous félicitions d'avoir su gérer une situation, de n'avoir pas démérité, de n'être pas aussi mauvais parent que ça, par exemple. Là aussi, nous nous fendons de quelques pas de côté pour ne pas exprimer ce qui nous viendrait spontanément à l'esprit : « Bravo ! »

Ce que nous dit l'enfant :
« Vous me prendrez une louche
de vérité matin, midi et soir. »

L'enfant ne cherche pas à être parfait

« L'œil était dans la tombe et regardait Caïn. »

Comme nous, l'enfant connaît la culpabilité. Il sait très bien quand il a fait une bêtise, et, en grandissant, ne redoute pas seulement de se faire gronder, mais de se retrouver hanté par la mauvaise conscience.

Mauvaise conscience et mauvaise foi

Mais comme nous, l'enfant connaît une culpabilité… imprévisible. Il peut se sentir affreusement coupable d'avoir marché sur la queue du chat par inadvertance et s'en vouloir des semaines plus tard, mais ne pas se reprocher une seconde d'avoir volé des bonbons, ou même de l'argent. Tout dépend comment il voit la chose : voler, ça peut être comme jouer à cache-cache, celui qui ne se fait pas prendre a gagné… Et nous sommes tous ainsi, dotés de notre propre échelle des fautes. L'un des exemples les plus célèbres est celui de Jean-Jacques Rousseau, qui fut rongé par la culpabilité pendant toute sa vie parce que, jeune employé chez des nobles, il avait dérobé un ruban et fait accuser une servante qui se retrouva, dans le doute, renvoyée en même temps que lui. En revanche, avoir systématiquement abandonné ses enfants dès la naissance ne lui posait aucun problème : c'était pour leur bien, après tout, car leur vie aurait été bien plus précaire avec lui...

Nous sommes les champions du bricolage de la mauvaise conscience : nous nous montrons parfaitement capables de nous reprocher des mauvaises pensées qui ne se sont jamais concrétisées en actes, ou d'exagérer le mal que nous avons pu faire à quelqu'un jusqu'à nous accuser de crimes atroces que nous n'avons pas commis. Au fil de nos ruminations et remémorations, nous n'en finissons pas d'en ajouter des couches et des couches. En revanche, quand il s'agit de corriger de fâcheuses habitudes qui épuisent notre entourage, la culpabilité se fait nettement plus discrète ! Ça n'est pas notre faute, on est comme ça, les autres n'ont qu'à s'adapter, après tout ils nous poussent à bout, c'est parce qu'on n'a pas eu de chance...

Exemplaires, nous entendons tout de même l'être en tant que parents. Si l'éducation positive a le vent en poupe, ça n'est pas seulement parce qu'elle se veut issue d'avancées scientifiques. Ni, comme l'observeraient les plus cyniques, parce qu'elle représente un marché fort lucratif de livres, de stages et de formations, mais parce qu'elle prétend aider les parents à se sentir plus que jamais irréprochables. Réussir l'éducation d'un enfant, et, plus encore, l'aimer, c'est notre grande affaire. Pour lui qui donne sens, lumière et dignité à notre existence trop souvent rabougrie, nous serions prêts, toutes affaires cessantes, à nous faire tirer dessus, nous sacrifier, nous damner. Et nous avons l'impression que le moindre manquement à nos devoirs pourrait le rendre mal armé pour la vie, malheureux, traumatisé.

Parents parfaits ? Voilà de quoi rire !

Mais là encore, notre culpabilité est étonnamment variable. Tous les parents ne s'en veulent pas de lever la main sur leur enfant (quelle horreur !). Beaucoup de parents trouvent normal de le laisser indéfiniment seul devant des écrans, sans s'intéresser à ce qui le captive, sans le mettre en garde… et sans même lui recommander d'aller se coucher : sa santé mentale mais aussi sa santé physique se trouvent compromises par des parents persuadés qu'ils lui font le plus grand bien puisqu'ils le laissent agir selon son bon plaisir. Hors de question qu'il mette les doigts dans son nez, en revanche qu'il contracte une dette de sommeil à l'âge où il en a le plus besoin, pas si grave…

De même, si on peut leur rapporter par de multiples sources (parents d'élèves, enseignants, surveillants…) que leur gamin est insolent, ou feignant, harceleur, ou les trois à la fois, beaucoup monteront alors sur leurs grands chevaux… mais pas contre lui : contre ceux qui osent remettre en cause son irréprochabilité, et donc, par ricochet, leur vigilance et leur efficacité en tant que parents !

Oui, nous nous voulons d'autant plus irréprochables comme parents que l'enfant l'est déjà, à peu de choses près… Nous répugnons à le reconnaître mais non, certainement pas, l'enfant n'est pas parfait, comme en attestent (ou en attesteraient, s'ils l'osaient) des observateurs extérieurs. Il espère nous plaire, s'attache à ce que nous l'aimions avec toujours autant de constance, voire davantage encore, mais il ne se soucie pas d'être parfait. Il a ses défauts. Souvent, comme nous, il les ignore, ou trouve une excellente raison de les expliquer. Parfois, comme nous, il en est conscient mais ne s'en sent pas responsable. Ou alors, il a décidé de lâcher du lest dans quelques domaines, et c'est une façon pour lui de s'affirmer : « Moi, je suis comme ça ! »

Dans ce cas, il a bien raison ! Il est si bon de couper le sifflet de notre arbitre intérieur toujours prompt à signaler la faute, le hors-jeu, la fin de partie. Cet inspecteur des travaux finis n'a de cesse, lui, de caqueter, de nous poursuivre jusqu'au bord de la tombe, et d'y jouer les écornifleurs pour s'y enfermer avec nous, comme l'œil avec Caïn. Alors, de temps en temps, lui suggérer d'aller se faire cuire un œuf (en termes moins châtiés, certes) est une soupape de sécurité qui permet une bouffée d'oxygène. Or l'oxygène, c'est une question de survie. L'enfant ne veut pas être parfait pour plaire à son juge intérieur, sauf s'il le considère comme un prolongement de ses parents. C'est à *nous* qu'il veut plaire. Il ne cherche pas la perfection absolue, mais une perfection relative qui contentera nos critères.

Petit ange avec nous, petit démon avec les indifférents. Dans un monde où on nous demande d'être exemplaire partout, tout le temps, en famille, au travail, dans l'isoloir, au volant, en ne riant pas de n'importe quoi, en surveillant nos propos, notre allure, notre consommation, il est indispensable de disposer de cette marge de liberté. Cette petite plage d'imperfections où l'on peut rire sous cape, s'amuser à tirer la langue. Parfaits pour ceux qu'on aime, l'objectif est illusoire mais honorable. Pour les autres, certainement pas ! Et puis quoi encore ?

Ce que nous dit l'enfant :
« Personne n'est parfait.
Sauf toi, parce que je t'aime. »

L'enfant ne se juge pas

Excellent psychologue, il sait observer comme personne, remarque des nuances subtiles dans le comportement, les paroles ou l'humeur des gens qui l'intéressent et qu'il aime. On ne lui cache pas facilement quelque chose de grave : il soupçonne l'entourloupe, et apprend à se méfier de nous quand nous prétendions lui épargner du désagrément. Dommage !

Un monde de juges

Même si notre monde est complexe pour lui (il l'est déjà trop souvent pour nous), il en saisit les grandes lignes. Il anticipe la façon dont il s'y conformera, avec plus ou moins de zèle ou de distance critique. Mais il a compris une chose : l'humanité est un monde de juges.

L'enfant se sent jugé *par ses parents*. En théorie, ils devraient l'aimer de façon inconditionnelle, mais en pratique, il se demande s'il ne risquerait pas de perdre cet amour dès lors qu'il les décevrait, qu'il ne serait pas à la hauteur des attentes placées en lui, qu'il ne parviendrait pas à tenir ses promesses, ou plus exactement, de façon plus pernicieuse, les promesses que ses parents ont placées en lui. Il n'a pourtant rien demandé, ni à naître, ni à ce qu'on le voie comme un petit génie, ni à ce qu'on attende de lui des prouesses scolaires ou existentielles, mais le voilà obligé d'assumer le rôle de l'enfant idéal dont il se voit, explicitement ou non, accablé.

Il se sent jugé *par ses pairs*, parce qu'il sait bien qu'un manque d'assurance, de prestance, un tempérament trop solitaire, un défaut physique, une quelconque marque de vulnérabilité, de propension à la souffrance, peuvent lui valoir un statut de défouloir, de bouc émissaire, au sein de la cour de récré.

Ils se sent jugé *par ses enseignants*, particulièrement quand la notation lui donne l'impression de se voir résumé en deux coups de cuillère à pot à un chiffre.

Il se sent en attente de jugement *par la société* en général, s'il doit un jour devenir éboueur plutôt que prix Nobel, ne jamais pouvoir se payer une voiture ou un appartement, ne jamais inspirer le respect, ne pas pouvoir faire sa vie avec quelqu'un.

Il voit combien *tout le monde* juge tout le monde, sur les réseaux sociaux, à la télévision, où chacun chronique, commente, se moque, persifle, insulte, traîne devant la justice, attaque. Nombreux sont même les petits juges de profession qui s'érigent une pseudo-carrière en se contentant de zigouiller ceux qui s'efforcent d'agir, de changer les choses, ou de créer de la beauté.

Il sait que ses propres parents, ses références absolues, *se jugent* sans cesse. Entre eux, si le couple va mal : « De toute façon, tu es comme ceci ou comme cela, on ne peut pas compter sur toi, tu m'as trahi, tu refuses de me comprendre… » Mais chacun se juge également tout seul : « Je ne suis pas quelqu'un de très bien, j'ai raté ma vie, j'aurais voulu être un artiste, je n'ai pas su m'imposer, je n'arrive pas à élever mon enfant, je suis coupable de ne jamais me montrer aussi disponible avec lui que je devrais l'être… »

Jugement vs examen de conscience

Alors l'enfant, qui, durant les premières années de sa vie, ne pense pas à se juger puisqu'il se fie à ce que ses parents disent de lui, finit par se méfier de lui-même. « Je suis un gentil garçon ou une gentille fille, mais ce n'est peut-être qu'une illusion, un grand malentendu. Peut-être que si mes parents m'aimaient moins, je me verrais comme je suis, sans complaisance, sans le bénéfice du doute, et alors ils m'aimeraient encore moins. » Ainsi, avec le temps, l'enfant fait pousser son petit juge intérieur ! C'est d'abord un bonsaï, et puis du lierre qui envahit tout et l'étouffe, le crispe. Bienvenue dans la maturité, ou plutôt dans la perversion de la maturité, c'est-à-dire la distance critique exercée trop systématiquement, y compris à l'égard de soi-même. Le jugement sur *ce qui* est bien ou mal dévie vers le jugement de *qui* est bien ou mal, puis « ce qui est bien ou ce qui est mal *en moi-même* », enfin vers « je suis moi-même *essentiellement* bon ou mauvais ». C'est dangereux de se juger quand on n'est pas complaisant ! On se condamne à l'insatisfaction ou à la mauvaise conscience.

Si nous voulons agir et penser un peu plus comme un enfant, il nous faut penser à l'enfant que nous étions très jeune, avant de nous juger, c'est-à-dire, de plus en plus souvent, de nous condamner. Il faudrait expliquer à cet enfant qu'il n'a pas à devenir son propre bourreau, à prononcer ses propres sentences et sanctions, du moins pas sans modération. Il faudrait l'exhorter à se juger moins sévèrement que ne le font les adultes : sur ce plan, il devrait rester un enfant toute sa vie.

Efforçons-nous de remplacer en nous, et en lui, le jugement par l'examen de conscience. « Que dois-je cultiver, améliorer ? Comment arranger les choses ? » : c'est l'examen de conscience. « Je constate que quelque chose ne va pas, donc je suis nul » : c'est le jugement. C'est l'ineptie...

Ce que nous dit l'enfant :

« Tu es nul de penser que tu es nul. »

L'enfant se plaint pour de bonnes raisons

« Ouin, c'est pas juste !... » La blessure de l'enfant au doigt est toujours la plus horrible du monde. Qu'il n'ait pas trouvé la fève dans la galette des rois évoque l'imminence de l'apocalypse. Et que faisons-nous, parents ? Nous consolons. Nous essayons bien de minimiser la plainte, de faire comprendre que tout ça n'est pas si grave, mais nous prenons acte du déluge lacrymal saluant la découverte de la brutalité de ce bon vieux réel.

Notre malheur est le pire

Un enfant n'hésite jamais à se plaindre. Il suscite aussitôt une réaction, de commisération, d'empathie, et parfois d'exaspération qu'on s'efforce d'étouffer. Quand on est adulte, on n'oublie pas non plus de se plaindre : ça, c'est un vestige de l'enfance que nous entretenons avec soin et constance ! Nos malheurs à nous aussi sont les pires qu'on puisse imaginer. Il y a des gens qui meurent de faim, qui sont seuls, humiliés, bien autrement traumatisés que nous, mais comme ils nous paraissent loin ! Les nouvelles factures... La grève des transports en commun... Le boulot qui devrait nous épanouir et qui nous aliène... Cette personne qui devrait nous aimer, et ne nous remarque pas. Ou, pire encore peut-être, ne nous remarque plus... Qu'a-t-on fait pour mériter ça ? Pourquoi c'est toujours la même chose ? Pourquoi on n'est pas un peu tranquille, respecté, aimé, en bonne santé ? Pourquoi cette saleté de réalité est-elle réelle ?

Le plus âpre dans tout ça, c'est quand notre plainte ne suscite aucune réaction. On peut toujours chialer, taper du poing, qu'est-ce qui change vraiment ? Souvent, pas grand-chose. Nos proches râlent parce que nous râlons trop fréquemment à leur goût, c'est-à-dire presque aussi souvent qu'eux. Ils essaient bien de nous consoler, mais ça ne suffit pas, soit qu'ils n'y croient pas eux-mêmes, et ils ont alors seulement à cœur de changer de sujet, soit que nous refusions de nous faire une raison parce que notre malheur n'a pas encore été suffisamment pris en considération, et qu'on ne saurait se contenter d'une réparation si rapide.

Quant à ceux qui ne sont pas nos proches, notre colère ne leur est qu'un clapotis à l'horizon. Un bruit de fond trop ténu pour leur sembler cacophonique. Une petite musique qui joue faux. Et pour cause, nos déconvenues à nous ne sont évidemment jamais aussi grandes que les leurs. Au concours des destinées de travers, chacun veut avoir le premier prix. Du malheur, peut-être, mais pas n'importe lequel ! Le pire ! C'est-à-dire ce qu'on appelle, en psychologie, l'impuissance apprise : quoiqu'on fasse pour se tirer du pétrin, on se persuade qu'on va y retomber, et toujours plus vite. C'est le rocher de Sisyphe, qui redescend toujours et qui trouverait le moyen de descendre encore, même sur une surface plane.

Les plus désespérés, les plus coupés de tout avenir, de toute relation, de toute signification, prennent les armes et tirent dans le tas, au hasard dans la rue, ou sur des cibles plus précises. Malheureux, peut-être, mais, enfin, le plus voyant ! Notre société en arrive là. Pour se faire entendre, certains, plus modérés, esquissent une révolution avec d'autres mécontents. *On ne lâche rien !* À chacun sa colère, et on est libre d'en préférer certaines.

Une plainte peut en cacher une autre (ou mille)

Ou bien, pour limiter les dégâts, on est obligé de payer quelqu'un pour nous écouter nous plaindre. Cela s'appelle la psychothérapie. Nous donnons de l'argent à un professionnel qui n'est là que pour nous écouter, sans trop nous interrompre, et c'est bien triste : ça veut dire que personne d'autre ne peut ni ne veut comprendre combien nous allons mal. Nul autre ne semble capable d'accueillir notre malaise sans juger, sans lâcher des « c'est bien fait », « t'as qu'à te remuer un peu », « tu ne peux t'en prendre qu'à toi », « tu t'es conduit comme une andouille », et tutti quanti. Nul autre ne veut ou ne peut entendre nos confidences sans les répéter à la ronde, et en les déformant, tout en ayant bien sûr juré le secret. Alors voilà, les psychologues sont là. Les réceptacles à griefs.

Et bien souvent, grâce à eux, nous comprenons qu'une plainte peut en cacher une autre. Notre motif de consultation, ce que nous considérons comme la clé de voûte de notre vie en ruine, n'était qu'un épiphénomène. Le vrai problème est ailleurs, dans la façon dont nous nous regardons, dans l'histoire personnelle que nous racontons (qui diffère toujours de ce que nous avons vécu), ou dans des incidents insignifiants ou traumatiques dont les répercussions immédiates sont cristallisées en croyances sur le monde et en lignes de conduite. Nous ne sommes pas programmés pour être malheureux : simplement, des malheurs provisoires nous ont lancés dans une dynamique permanente que nous ne parvenons pas à freiner. Alors nous apprenons à penser, agir, parler autrement pour dissiper les symptômes et, sous leurs strates trop voyantes, déraciner ces filtres qui nous font croire que nous sommes essentiellement mauvais ou victimes, moins que rien, ou impuissants.

L'enfant, lui, ne se plaint que d'un problème spécifique. L'écorchure au genou, la copine qui a proféré des insultes, le temps d'écran toujours trop court. Un problème, une réaction, et on passe à autre chose en attendant le prochain problème, ponctuel par essence. Apprenons à nous plaindre, comme l'enfant, de problèmes clairement identifiés, pas de ce fourre-tout où se mélangent désert relationnel, troubles civilisationnels, errance spirituelle, et frustration professionnelle. Se plaindre de tout, c'est ne se plaindre de rien. Et se plaindre sans cesse du même accident passé, c'est s'enterrer vivant. Que la plainte soit davantage circonstanciée, ciblée, éphémère. Que la colère soit froide : une saine explosion, puis le retour au fil des jours. Ne l'entretenons pas par de la rancœur, chose dont l'enfant est plus difficilement capable que l'adulte, et qui s'avère une forme d'automatisme aussi usant, stressant et stérile pour nous que pour autrui.

Ce que nous dit l'enfant :

« Sois un tireur d'élite de la plainte. »

L'enfant a le sens de l'injustice

« C'est pas juste... » L'enfant n'a souvent que cette expression-là à la bouche. Il imite mieux Caliméro que Caliméro ne s'imite. Évidemment, on n'est pas dupe (on a fait ça avant lui ! Et on le fait encore !) : si quelque chose lui paraît injuste, c'est souvent parce qu'il se sent personnellement lésé. « C'est pas juste », ça veut dire que les choses ne tournent pas comme il l'avait prévu, ou à son avantage. Ce qui est juste en revanche, c'est qu'on fasse comme il a dit, qu'on fasse attention à lui plus qu'à n'importe quoi d'autre au monde, qu'on le rassure et qu'on le flatte à la fois. Bien sûr. Mais parfois, si c'est pas juste, c'est parce qu'il se sent sincèrement écoper d'une avanie qu'il ne mérite pas.

Le dilemme du vilain pharmacien

Le tout jeune enfant présente un sens de la morale très simple : ce qui est mal, c'est ce qui engendre concrètement une punition. Ce qui est bien donne lieu à une récompense, au minimum à ce qu'on vous fiche la paix. Ainsi, voler, c'est mal non parce que c'est comme ça a priori, mais parce que si on se fait prendre, a posteriori on se fait gronder. Il n'existe pas une sous-catégorie « vol » relevant d'une catégorie supérieure « mal ». Pas la peine. Tu fais ce qu'il ne faut pas = tu es puni. Boum ! D'où l'argument suprême pour se défendre : « Mais j'ai rien *fait* ! » Comment peut-on le punir alors qu'il n'a rien fait ? Pourquoi cette conséquence sans cause ? C'est pas juste !

L'évolution du sens moral chez l'enfant est analysée à travers différents scénarios par les psychologues. Par exemple, si celle que j'aime est malade, et que le pharmacien veut me vendre démesurément cher le médicament dont j'ai besoin, et qu'il ne veut rien entendre, est-ce que je fais quelque chose de mal si je vole le médicament ? Avec le temps, les réponses divergent. Oui, c'est mal puisque si tu voles, tu seras puni. Puis oui, c'est mal puisque voler, c'est mal, même si on ne se fait pas prendre. Ou non, ce n'est pas mal, parce que c'est le pharmacien qui fait quelque chose de mal. Le mal ne relève plus simplement d'une punition, mais dépend du point de vue. Ce qui est mal selon la morale en général ne l'est pas forcément dans des cas particuliers. La justice morale ne coïncide pas toujours avec la justice selon les lois sociales.

À l'âge adulte aussi, nous sommes très sensibles à l'injustice. On a beau faire le tour de nos fréquentations, on ne trouvera personne qui trouve que « l'injustice, c'est trop cool, j'adore ! ». Et qu'elle devrait être assumée, cultivée, développée. Nous avons tous en mémoire d'héroïques chanteurs ayant plus d'une corde vocale à leur arc pour dénoncer l'injustice sur tous les tons, et dans toutes les gammes : la guerre c'est pas bien, la violence non plus, la faim dans le monde non plus, le réchauffement climatique pas davantage, etc.

D'un point de vue universel, on peut trouver scandaleux que l'injustice règne parmi les humains. Ça nous répugne (la psychologie parle même d'« illusion d'un monde juste »). Certains ont tout, parfois sans l'avoir aucunement mérité, d'autres n'ont rien, malgré tous leurs efforts ? C'est injuste ! Soit. Mais quand on examine les cas individuels, on s'aperçoit que certains participent avec un zèle constant à leur propre malheur (quand ce n'est pas au nôtre !). Leur malheur est-il vraiment si injuste ? Ils n'ont qu'à vivre autrement ! Après tout, la véritable injustice, l'injustice par excellence, est celle qui *nous* concerne : « Je mérite mieux ! C'est moi qui devrais passer à la télé, avoir le pouvoir (que j'utiliserais avec une compétence et un désintéressement dont sont bien incapables ceux qui nous gouvernent), rester jeune plus longtemps, être passionnément aimé, pris comme exemple… »

C'est injuste, ou je l'ai bien cherché ?

Dans le jargon psy, « l'erreur d'attribution » fait que nous avons tendance à nous attribuer le mérite de ce qui tourne bien dans notre vie, mais à invoquer des facteurs extérieurs pour ce qui semble moisi : *ma réussite*, c'est parce que je le vaux bien, tandis que l'échec, c'est la faute de quelqu'un d'autre issu de mon entourage présent ou passé (mes parents, mon conjoint ou ma conjointe, mon supérieur, ma voisine, des gens que je n'aurais jamais dû croiser…), ou de gens à la fois familiers et perpétuellement situés à l'horizon, intouchables (les politiques là encore, mais aussi les milliardaires indifférents, les dictateurs dont les foucades provoquent des effets papillon, les patrons, ou les syndicalistes suivant le bord sur lequel on se place…). À l'inverse, *la réussite d'autrui* est plus facilement imputée à la chance pure ou à l'injustice (il doit son succès à ses relations, ou à la triche, ou à son absence de scrupules…), tandis que les échecs sont de son propre fait (il n'a pas assez travaillé, elle n'est pas faite pour ça : il y a une justice).

Voir de l'injustice dans la bonne fortune des autres, ou de la justice dans leurs déconvenues, c'est juger de loin, au petit pied, sans disposer de toutes les informations nécessaires et en se donnant le beau rôle. S'intéresser à l'injustice qui nous frappe personnellement, voilà qui est plus légitime. Là, on dispose d'à peu près toutes les pièces du dossier, et on peut pratiquer son examen de conscience. Ce qui m'arrive est-il vraiment trop injuste, où ai-je une part de responsabilité là-dedans ? Qu'est-ce que je peux faire pour améliorer ma situation, pour ne plus me sentir puni par les circonstances ou ma mauvaise conscience ?

Comme un enfant, nous pouvons considérer que la véritable injustice, c'est quand nous nous sentons durement brimés par la vie ou par les autres alors que nous n'avons rien à nous reprocher. Nous avons fait de notre mieux, nous avons bien agi, et si une maladie ou une déconvenue professionnelle, financière ou amoureuse pointe le bout de son nez, c'est injuste. Injuste, parce qu'absurde dans un monde que nous voudrions impeccable. Ça ne répare pas le préjudice, mais la bonne conscience l'allège.

Ce que nous dit l'enfant :
« Socrate, il fait rien qu'à dire
qu'il vaut mieux subir l'injustice
que la commettre ! Et toc ! Eh ouais,
je connais Socrate, d'abord ! »

L'enfant est plus lent qu'une statue

Si Lucky Luke tire plus vite que son ombre, avez-vous remarqué que l'enfant, lui, enfile une chaussure moins vite que l'ombre de son lacet ? C'est au point que les psychologues d'aujourd'hui recommandent, plutôt que de le presser pour les préparatifs du matin, de le réveiller plus tôt. Cet ingénieux expédient se corse néanmoins si l'enfant, parallèlement, se couche de plus en plus tard parce qu'il est occupé à critiquer ses parents sur les réseaux sociaux, mais c'est un autre débat.

Et encore, il n'a que deux mains !

L'enfant, donc… est… lent. Quand il passe une moufle, il a du mal à trouver la deuxième. Quand il l'a trouvée, il enlève la première pour mieux s'aider à passer la seconde. Et ça, c'est l'hypothèse optimiste où il ne les a pas perdues. Quand il met ses gants, c'est à peine s'il retrouve tous ses doigts. Pour couper sa viande, il lui faut d'abord reconnaître sa gauche et sa droite, tenir le couteau par le manche et non par la lame, planter la fourchette sans trop la faire crisser, après quoi il pose ses couverts parce qu'il n'aime pas ce qu'on lui sert. Ou alors, il accepte de manger mais trie la viande : ce qui ressemble de près ou de loin à du gras génère chez lui on ne sait quelle envie de vomir. La moindre petite anomalie visuelle dans son assiette donne lieu à une question suspicieuse : « C'est quoi, ça ? » Quelle que soit votre réponse, il flairera une entourloupette. Si vous êtes végétariens, il triera ses légumes, là encore, mais s'obstinera à ne pas les mélanger : chaque couleur dans un coin de l'assiette, sans oublier les jolis quadrillages harmonieusement ménagés dans sa purée. S'il est tout petit, il menacera de s'étouffer à chaque bouchée puisqu'il ne peut s'empêcher de déblatérer, et puis il s'amusera à laisser tomber quatre, cinq, six, sept, huit, neuf fois de suite sa cuillère pour vérifier cette nouvelle loi d'Archimède : tout objet aussi volontairement que négligemment jeté à terre se voit ramassé par un parent qui râle. Dire qu'il lui est plus rapide d'apprendre à lire qu'à se tenir à peu près, rien qu'à peu près, correctement à table !

Ô temps, suspends ton vol

Oh oui, l'enfant est lent. Il ne consent à prendre sa douche que s'il passe le dernier, en se flattant de ne pas vous ruiner en facture d'eau. On dirait qu'il attend que toutes ses dents d'adulte aient poussé pour condescendre à les brosser. En quatorze secondes chrono, tant qu'à faire. S'il fait caca avec un livre, vous êtes cuit (mais c'est bien fait pour vous, vous n'aviez qu'à pas lui montrer l'exemple[1]).

Oui, l'enfant est lent. Mais quand quelque chose l'intéresse plus que lacer ses chaussures ou se shampouiner, alors il est vif, et hop, il saute, il jappe de contentement. Mais il ne se précipite pas. Il se jette à corps perdu, mais sans piquer un sprint. Il savoure, et lorsqu'il est repu, il passe à autre chose. En tout état de cause, le temps n'est pas son ennemi. Alors que nous l'habituons sans cesse à des horaires plus contraignants, on pourrait croire que c'est le temps qui s'adapte à l'enfant.

Tout énervant que soit ce trait de caractère, nous serions pourtant bien avisés de nous en inspirer. L'heure est au *slow* : *slow management*, décroissance, *quiet quitting*… Et comment ! Le monde tourne mal parce qu'il tourne trop vite, quittant son axe pour mieux partir en vrille, *hand spinner* ou toupie vibrionnant dans l'immensité qui n'a que faire de lui. Toujours courir, se stresser, mordre sur son temps de repos, foncer vers un

1. D'ailleurs, ôtez-moi d'un doute, où lisez-vous le présent ouvrage ?

travail qui nous déplaît ou convoyer nos têtes blondes vers des activités où elles ne se rendent qu'en touristes, surproduire, surconsommer, surgaspiller, surproduire, surconsommer, en épuisant tout au passage, notre organisme, notre porte-monnaie, notre planète, notre espérance de vie individuelle et collective... Cette course folle a toujours été dénoncée par la philosophie, mais la différence, c'est qu'elle est exponentielle aujourd'hui : elle s'accélère, et l'accélération n'en finit pas d'accélérer. Or, la relativité nous apprend que si la vitesse d'un objet pouvait s'accroître jusqu'à atteindre celle de la lumière, alors le temps s'arrêterait pour lui. Je vous rassure, moi aussi j'ai du mal à comprendre. Alors voilà, à force d'accélérer, le temps va s'arrêter. Et pour nous, ça s'appelle la mort. Arrêtons donc le temps nous-mêmes, mais sans courir au préalable, et ça s'appellera la vie. L'instant présent. Et que le temps ne s'arrête que parce qu'on le prend enfin.

Ce que nous dit l'enfant :
« La voie la plus courte
pour aller du point A au point B,
c'est de partir du point B. »

L'enfant a une bonne tête de cochon

Oh, bien sûr, il lui arrive franchement ne pas comprendre ce qu'on lui demande de faire, ou d'éprouver d'authentiques difficultés pour ce qui nous paraîtrait, littéralement, *un jeu d'enfant*, et nous ne devons pas voir le mal partout : peut-être qu'il n'a *vraiment* pas pensé à se brosser les dents. Qu'il n'arrive *vraiment* pas à ranger ses crayons de couleur en moins de vingt-cinq minutes. Peut-être que, c'est vrai, lorsqu'il s'en va à l'école en short et T-shirt alors qu'il a gelé cette nuit, il ne sent pas le froid. Mais on peut aussi inférer, avec une marge d'erreur modérée, qu'il a une bonne tête de cochon.

Les statistiques de l'horreur

Il faudrait que des statisticiens s'amusent à enregistrer les conversations familiales pendant quelques mois, et comptabilisent les phrases les plus fréquemment délivrées des parents à l'enfant. « Je t'aime » ? « Bravo, je te félicite » ? « Je suis content de te voir » ? Peut-être. Mais alors, par exception ! Parce que dans la majorité des familles, les expressions les plus souvent employées seraient plutôt : « Va te laver les dents ! », « Mets tes chaussons ! », « C'est l'heure d'aller au lit ! » Et d'autres du même tonneau. À raison, mettons, de deux brossages de dents par jour (on ne compte pas le midi à la cantine) pendant cinq ans, le temps que l'enfant en prenne l'initiative sans qu'on le cornaque (cinq ans ? hypothèse irréaliste à force d'optimisme), nous voici à 2 fois par jour × 365 × 5 = 3 650. Admettons que vous deviez le dire deux fois avant d'obtenir satisfaction, et nous voici à 7 300. Vous lui avez dit 7 300 fois « Je t'aime » ? Si vous avez deux enfants, que vous devez le dire quatre fois, et que ça dure huit ans et pas cinq ans, je vous laisse calculer[1].

Ça n'est pas pour ça qu'on a signé au moment de devenir parents ! Crénom, mais qu'est-ce que ça peut lui faire de mettre un manteau quand il fait froid, et de l'enlever quand il fait chaud ? Pourquoi cette discrète

1. Au bac, j'ai eu 4/20 en maths. Prenez le relais, merci. Mais n'oubliez pas les week-ends, vacances et jours fériés avec TROIS brossages quotidiens, ni les années bissextiles.

mais inexpugnable rage de mettre son linge sale à côté du panier, ou de ne pas tirer la chasse d'eau ? Des années, et des années, et des années de lutte pour qu'il rebouche la bouteille de lait, du moins pour qu'il ne la repose pas *pile* au bord de la table. Le même enfant capable d'assimiler des informations parfaitement contre-intuitives sur le Big Bang, qui peut apprendre par cœur le curriculum de Gollum ou du moindre personnage du *Seigneur des anneaux* ou de *Harry Potter*, ne parviendra pas à retenir qu'il faut éteindre une lampe quand on sort de la pièce ! (D'accord, sur ce point, beaucoup d'entre nous traverseront leur vie entière sans avoir assimilé ce principe.)

C'est déprimant. Et pourtant... C'est, pour l'enfant, une forme d'affirmation de soi. « Je-ne-suis-pas-parfait, quoi que vous en disiez, donc je ne suis pas tout à fait comme vous le voudriez. OK, je vais à l'école alors que je n'aime pas ça. OK, je me farcis les visites à la famille. Soit, je porte les vêtements que vous choisissez pour moi et qui ne me plaisent qu'à moitié, je veux bien regarder vos vieux films et écouter vos vieilles chansons pour faire plaisir. Je capitule, je mange vos sales épinards alors que je rêverais de frites à chaque repas. *Mais*... vous devrez me répéter quatre fois de ne pas me promener pieds nus. Et vous tirerez ma chasse d'eau. Je cède sur l'essentiel, pas sur le superflu. Et je vous rappelle ainsi que je ne suis pas si mûr que ça, que vous ne vous débarrasserez pas de mon enfance aussi facilement, que vous devrez encore vous occuper de moi. » Sous la tête de cochon se dissimule un certain penchant pour la négociation.

Négociation particulière, évidemment, puisque vous n'êtes pas au courant. C'est pour ça qu'il la gagne.

La splendeur symbolique de l'acte gratuit

On se surprend à rêver, une fois adulte, de devoir encore nous faire prier. De négocier des marges de lenteur et de retard à l'allumage, nous aussi. « OK, je paye mes impôts. Mais vous devez me relancer quatre fois, sans pénalités. D'accord, ô vénéré chef, je vais m'occuper de ce dossier que vous pourriez très bien traiter vous-même, qui est totalement inutile, et dont personne ne tiendra compte, mais il m'eût plu que vous insistassiez. Oui, madame Michu, je sais très bien que j'ai fait du bruit à deux heures du matin en rentrant chez moi, mais, même à jeûn, je continuerai à vous réveiller parce que j'oublierai toujours, systématiquement, de faire preuve de discrétion. Quant à mes excès de vitesse, je les déplore mais je ne ralentirai pas, parce que ça m'amuse de garder un peu d'ascendant sur vous, monsieur l'agent : ainsi, je sais que vous m'avez identifié, que vous pensez à moi, et qu'il ne tient qu'à moi d'embellir un jour votre routine en levant un peu le pied. » Impossible ! Même si nous entretenons avec soin vaille que vaille, quelques discrets microrituels d'entêtement. « Oh, ma chérie, j'ai encore oublié de reboucher le tube de dentifrice… Oh, mon cœur, c'était vraiment mon tour de sortir la poubelle ? Tu vois, il vaut mieux que tu t'en charges, j'oublie toujours… Oui, je reconnais que je pose les pieds sur la table basse sans avoir enlevé mes chaussures, et tu me reprends sans cesse, mais tu es encore plus belle quand tu râles… J'ai encore oublié de t'acheter de la bière, je suis ensorcelée, ma parole ! » Négociations unilatérales, là encore. Que nous nous autorisons même avec notre enfant : « Non, j'ai vraiment pas le temps de venir regarder le dessin animé avec toi, je sais bien que ça fait plusieurs fois que tu me le demandes, mais… » Et paf ! Bien fait !

Nous pouvons, comme l'enfant, cultiver notre tête de cochon en en prenant davantage conscience. « Au travail, je veux bien céder pour toutes sortes de consignes grotesques, mais je vais en identifier *une* que je n'accomplirai systématiquement qu'à reculons, ou pour laquelle je m'abstiendrai purement et simplement, de façon à créer une légère tension avec mon supérieur, mais tout juste acceptable, sans aller jusqu'à la rupture de confiance. Je vais soigneusement cultiver quelques petits défauts, quelques petits comportements anecdotiques grâce auxquels on dira de moi qu'on peut vraiment me faire confiance, sauf, inexplicablement, quand il s'agit d'un fait précis et strictement anodin. Ce sera une particularité. On pourra me charrier avec ça. Mais je ne céderai pas. »

Un caprice ? Pas tout à fait : c'est un enfantillage.

Ce que nous dit l'enfant :

« Oui oui...

J'ai entendu...

Oui oui... »

L'enfant entretient un rapport sain à l'autorité

Et alors ? Pourquoi s'inspirer de ça ? Qu'est-ce que ça peut nous faire ? Qui se soucie d'autorité ? Hein ?

Du piédestal au trente-sixième dessous

Tout d'abord, oui, l'enfant respecte l'autorité. Déjà, il respecte ses parents. Les héros absolus, infaillibles, les plus grands, les plus beaux, les plus forts, qui ne pourront, par définition, que le décevoir à mesure que les écailles lui tomberont des yeux. Dans quelle mesure le décevront-ils, tout est là… Mais à part ces figures tutélaires, l'enfant respecte les pompiers, les policiers, tout ce qui porte un uniforme. Et ses enseignants, même s'il les aime plus ou moins. Du moins les reconnaît-il comme détenteurs d'un savoir, d'une autorité face à laquelle il doit plier tôt ou tard, de plus ou moins bonne grâce. L'autorité, c'est aussi tous ceux qui ont l'air de s'exprimer du haut de leur Olympe, et que les foules font mine d'aduler : chanteurs, youtubeurs, influenceurs, comiques, tout le toutim. C'est une forme d'autorité, non pas au sens où ils sont forcément détenteurs d'un savoir, mais au moins d'un savoir-faire, et même d'un faire-savoir puisque ce sont des gens qui diffusent publiquement leurs paroles et qu'on écoute, excusez du peu. Inutile de préciser qu'ils n'occupent pas les échelons les plus rase-moquette de la hiérarchie de l'enfant !

Celui-ci respecte donc les formes d'autorité qu'il considère comme traditionnelles (les uniformes...), ou impressionnantes (les youtubeurs...), ou légitimes sans condition (les parents). Comme il ne sent pas encore étourdi de vanité au point de vouloir devenir une autorité lui-même en se prenant au sérieux, tout est bien.

À l'adolescence, évidemment, patatras, l'autorité se voit questionnée. Certains uniformes déplaisent, les enseignants sont plus ou moins sympathiques et farcissent le crâne d'informations tantôt exaltantes, tantôt rébarbatives et strictement inutiles. Les stars du Net, plus facilement remplaçables, restent un peu plus longtemps en odeur de sainteté : on jette celles qui sont obsolètes et on s'en trouve de nouvelles qui correspondent davantage à notre degré de maturité, voilà tout. Quant aux parents... Ah, les pauvres parents ! Ils cristallisent toute l'ambiguïté du rapport à l'autorité. L'adolescent aimerait continuer à les aduler sans conditions ni discussion, mais enfin, il les prend si souvent en flagrant délit de contradiction, de renoncement, d'esprit de sérieux et d'ennui, ou tout simplement d'incompréhension à son égard, que l'inconfort d'une distance critique devient inévitable, et qu'il est désormais impossible de les respecter tout à fait sans se forcer. Et puis, avec le temps, on entend bien devenir une autorité soi-même, on comprend mieux le monde qu'avec les balivernes dont on nous avait gavés, on analyse parfaitement les gens sans les connaître, on sait déjà comment changer le monde, et attendez un peu qu'on nous donne les clés avec un diplôme, ou qu'on vienne les arracher de force ! Il faut faire le boulot soi-même tant on se méfie des politiques, des religieux, des vieux, des tristes sires.

L'autorité : aux deux extrémités du spectre

S'il nous fallait toutefois, comme un enfant, retrouver un peu de confiance en l'autorité ? Pas forcément celle de tous les uniformes ni de toutes les figures médiatiques... Du moins pourrait-on reconnaître qu'en dehors peut-être de notre domaine de compétence professionnelle, on n'est pas soi-même une autorité sur grand-chose ? « Que sais-je ? » se demandait le petit père Montaigne. Sommes-nous vraiment les mieux placés pour trancher les grands débats scientifiques ? Sommes-nous des experts en virologie, en épidémiologie, en vaccinologie, pour affirmer d'un ton péremptoire comment il aurait fallu combattre le Covid ? Sommes-nous si finauds que nous pouvons dire à coup sûr pourquoi Dieu, s'il existe, nous a placés dans cette galère, ce qu'il attend de nous, ou au contraire s'il est totalement impossible de prendre au sérieux toute forme de transcendance ? Comme l'enfant, ne devrions-nous pas consentir plus souvent à nous en remettre à l'autorité de ceux qui, sans infaillibilité certes, présentent du moins le plus de garanties de détenir des connaissances sur les sujets complexes ? Même s'ils ne sont pas unanimes, ni tous irréprochables, peut-être faut-il davantage s'en remettre à eux ? On ne va pas voir son généraliste en prétendant prescrire soi-même le traitement, alors pourquoi serait-on plus futés que la majorité des spécialistes d'un domaine auquel nous ne comprenons pas un traître mot ?

L'autorité, c'est aussi la connaissance de ceux qui savent parce qu'ils ont vécu. Ils sont expérimentés. Les vieux ne sont pas tous gagas ni ennuyeux à mourir, d'autant qu'ils disposent du recul sur les contradictions humaines que le temps leur a fait prendre. Peut-être certains méritent-ils qu'on leur accorde leur chance en tant que psychologues ? Ils en ont vu, des humains échouer, louvoyer, se renier ! Ils en ont vu qui ont réussi à se relever malgré tout ! N'en ont-ils tiré aucune loi générale que nous pourrions mettre à profit[1] ?

---

1. C'est en relisant ce genre de passage que je prends conscience de mon âge...

À l'autre extrémité du spectre de la vie, nous devrions nous en remettre à une autre autorité encore : celle de l'enfant. Non parce qu'il a réponse à tout, qu'il connaît la vie mieux que nous, mais parce qu'il la connaît autrement. Et surtout pour ce qui le concerne lui, nous devrions l'écouter davantage ! Sans nous préparer à le sermonner avant qu'il ait fini sa première phrase, sans a priori, sans forcément une idée préconçue des conclusions que nous allons tirer de son exposé. Nous sommes des spécialistes de l'enfance parce que nous avons tous été enfants. En théorie, du moins : dans la pratique, nous sommes si nombreux à l'avoir oublié. Or, à part nous, l'autre expert de l'enfant, c'est l'enfant ! C'est lui qui saura nous dire précisément ce qu'il ressent, ce dont il a peur, ce qu'il espère, ce qu'il aime. Comment il voit le monde, l'avenir, comment il *nous* voit. En quoi nous défaillons vis-à-vis de lui... Il maîtrisera toujours suffisamment le langage pour nous mettre sur la piste. Afin de reconnaître son autorité, il faut se placer à sa hauteur, quitter le surplomb : notre prestige à nous n'en sera pas amoindri, puisque nous aurons su mériter sa confiance.

Ce que nous dit l'enfant :
« L'autorité, c'est pas être autoritaire, eh, banane ! »

L'enfant teste les interdits pour mieux se sentir cadré

L'enfant est en recherche permanente de règles. Il apprécie sa liberté, bien sûr, de vagabonder, de jouer, d'observer, de rire, mais oui, il cherche des lois, des règles. Des lois physiques, d'abord. « Qu'est-ce qui se passe si je fais tomber cet objet ? Est-ce qu'il se casse ? Est-ce qu'il peut flotter dans l'air ? Qu'est-ce qui se passe si je mets la main sur la plaque électrique ? Ah oui, OK, j'ai compris. Qu'est-ce qui se passe si je fais tomber un petit caillou dans l'étang ? Et avec un gros, est-ce que le bruit du plouf sera plus fort, est-ce que les ronds formés à la surface de l'eau atteindront l'autre rive ? »

Mais il cherche aussi des lois morales.

Transgression = information

« Qu'est ce qui se passe si je pique une colère en plein milieu du supermarché, est-ce qu'on m'achètera enfin ces bonbons si colorés qui ont l'air tellement chimiques, et par conséquent si dignes de convoitise ? Qu'est-ce qui se passe si je refuse d'aller à l'école ? Est-ce qu'on m'y traînera, ou est-ce qu'on me récompensera si finalement j'y vais bien sagement ? Qu'est ce qui se passe si je dis des gros mots devant maman, ou si j'insulte papa ? Est-ce que je serai puni, ou est-ce que ça va seulement les faire rigoler, ce qui signifie que je pourrai aller encore plus loin ? » L'enfant teste. Pas toujours pour le plaisir de provoquer, ou pour asseoir son pouvoir sur nous, mais juste pour comprendre les grandes lignes du fonctionnement familial, et, au-delà, social. Pour intégrer les limites, leur périmètre, leur fragilité, il faut bien les mettre à l'épreuve ! C'est comme tâtonner dans le noir à la recherche d'une porte : on cherche moins une faille qu'une frontière, après tout.

À l'adolescence aussi, et plus que jamais, l'enfant va tester l'interdit. « Et si je fumais en cachette ? Et si je reniflais le tube de colle ? Et si je montais dans cette voiture alors que je sais très bien que mon copain roule très vite ? Et si j'essayais d'embrasser ? Et si je me laissais embrasser ? » Pour peu que l'enfant se sente mal à l'aise et que les interdits lui semblent injustes, transgresser revient alors à affirmer sa volonté face au carcan arbitraire imposé par les autres mal intentionnés ou aveugles. C'est se rebeller. Et non plus chercher des informations sur autrui, mais en délivrer sur soi : « Je ne joue pas votre petit jeu. »

Bientôt, soit on continue à nier allègrement les limites, et on risque une carrière de délinquant à part entière, de marginalité, de sociopathie, l'inadaptation chronique et la souffrance, soit on met de l'eau dans son vin et on devient acceptable socialement. On se dit que, même sans avoir l'air d'y toucher, on va jouer le jeu des carrières, des diplômes, des entretiens d'embauche, de l'accession à la propriété, du contrat de mariage, de tous les contrats symboliques au sein du couple. Bien sûr, parfois, on testera de nouveau les limites. Avec une fraude fiscale, une infidélité, un refus d'aller aux urnes… Les opportunités ne manquent pas. Dans l'ensemble, néanmoins, on accepte dorénavant les règles, au point qu'on est parfois conscient de les enfreindre et que si on le fait, c'est que ça a du sens pour nous. Au passage, rien ne nous hérisse plus que voir certains nantis se croire autorisés à s'en affranchir par vanité de posséder leur petit pouvoir, pendant que nous les subissons de plein fouet.

Les limites : on les accepte, on les contourne, on les fracasse ?

Mais il y a certaines limites, inconscientes, que nous transgressons bien peu. Ce sont tous les jugements que nous portons sur nous-mêmes. Nous savons que nous ne serons jamais la plus jolie personne au monde, ni intérieurement ni extérieurement. Nous savons que l'amour parfait qu'on porte ou qu'on nous porte, la reconnaissance unanime de nos prodigieux talents artistiques, la jeunesse et la séduction éternelle, ce n'est pas pour nous. Nous connaissons nos points faibles, nos défauts, nous dressons la liste consciencieuse de nos petites culpabilités. Nous avons nos croyances limitantes : « Je ne suis pas capable de… je ne mérite pas de… » En d'autres termes : « Le bonheur m'est interdit. Je n'ai pas le droit d'aller bien en ce monde. Je n'ai pas le droit de jouir de ce que je ne mérite pas, je dois expier mes faiblesses, mes petites trahisons, tout ce que je n'ai pas su faire ou pas su dire. S'il y a une justice, il m'est interdit de tirer mon épingle du jeu dans cette vie. J'ai gâché quelque chose, ou les circonstances ont gâché quelque chose, les autres ont gâché quelque chose, en tout cas, c'est comme ça. Autrefois je cherchais les limites en testant l'interdit, aujourd'hui je m'interdis moi-même de repousser les plus intimes d'entre elles, elles me vont bien, et même, j'en rajoute. Je ne peux pas, je ne dois pas être quelqu'un de mieux, quelqu'un de bien. Les jeux sont faits. »

Convoquer le souvenir de l'enfant que nous étions, sa mémoire, contribue à faire sauter ces croyances limitantes. « Qu'est-ce qui se passe si je m'autorise à profiter de ma chance alors que je ne m'en crois pas digne ? Est-ce que tout va tomber à l'eau ? Qu'est-ce qui se passe si je m'autorise à aller vers cette personne à qui je pourrais donner mon amour et qui me le rendrait peut-être, alors que je suis persuadé qu'elle est trop bien pour moi ? Qu'est-ce qui se passerait si je transgressais les usages en vigueur dans la hiérarchie et tâchais de me faire respecter un peu plus ? Que se passerait-il si, au mépris des convenances respectées de manière antédiluvienne au sein de ma famille, j'osais vider mon sac ? Si j'osais ne pas venir à cette réunion ou à ce repas qui me barbe ? Braver le jugement des autres, le qu'en-dira-t-on, et penser un peu plus à moi ? Qu'est-ce qui se passerait si j'osais me récompenser pour mes efforts, pour mon caractère scrupuleux (qui s'exerce à mon détriment), tout simplement pour ma dignité d'être humain qui n'a rien fait de tellement plus catastrophique que la moyenne ? »

Nous pouvons, à tout âge, découvrir cette divine vérité : si les lois physiques sont immuables depuis l'enfance, et qu'un feu nous brûlera toujours, les lois morales évoluent. Les interdictions que nous subissions jadis ne sont peut-être plus valables pour nous aujourd'hui. Nous avons grandi, nous n'avons plus forcément à nous interdire certaines pensées, certains comportements, sous peine de punitions que nous sommes désormais les seuls à nous infliger. C'est *nous* que nous devons transgresser, *nous* que nous devons remettre en question, c'est *nous* dont nous pouvons repousser les limites ! Plus facilement que les interdits sociaux, ce sont nos interdits personnels qu'il faut apprendre à contourner. Nous ne devons pas nous sentir condamnés à perpétuité dans une cellule dont la porte est depuis longtemps grande ouverte sur la vie...

Ce que nous dit l'enfant :
« Il n'est pas interdit
de ne pas interdire.
(Me demande pas d'expliquer.) »

L'enfant n'est jamais en mal de héros

En la matière, il ne fait pas la fine bouche. Évidemment, on lui en sert treize à la douzaine : certains qui escaladent des immeubles, les survolent, les détruisent, d'autres tout verts dans un pantalon violet, ou avec un marteau, ou des oreilles pointues de chauve-souris, ou une armure rouge et or, sans compter le bon vieux surhomme dont la première version du costume est demeurée légendaire puisqu'il portait son slip par-dessus son pantalon. Mais il y en a tant d'autres, dans les mangas, les séries, que l'enfant peut littéralement s'en choisir un sur-mesure.

La coquetterie du slip

Plutôt que prendre ce qu'on lui donne et accepter qu'une figure de fiction incarne les plus hautes valeurs citoyennes et morales, il peut faire son marché et en choisir une plus sombre, plus ambiguë, qui présente des failles ou défend une conception toute personnelle de la justice quoi qu'en disent les autorités policières ou politiques. Et une fois qu'il a trié ses héros sur le volet, l'enfant est prêt à se prendre pour eux et espérer un jour leur ressembler pour de vrai. Mais confusément. Il sait très bien que tout cela relève avant tout de son imagination, et c'est à nous de lui montrer qu'il a mieux sous la main. Oui ! Mieux !

Il y a beaucoup de héros ordinaires parmi nous. Les professeurs, les soignants, les policiers, les ouvriers, les travailleurs sociaux, et tant d'autres, suivant nos sensibilités, pratiquent une forme d'héroïsme au quotidien qui vaut bien toutes celles de la fiction. Ils n'ont pas d'empires financiers à leur disposition comme Bruce Wayne ou Tony Stark, mais ils font de leur mieux avec les moyens du bord, malgré les obstacles que leur opposent leur hiérarchie, leurs collègues ou un mille-feuille de réglementations diverses. Ils montent au front pour se voir plus souvent qu'à leur tour payés non seulement des clopinettes, mais d'ingratitude. Parfois blessés à coups de burn out, ils se collent une rustine au psychisme et retournent se frotter au réel. Ils représentent une excellente opportunité d'expliquer aux enfants en quoi consiste le courage, c'est-à-dire non pas l'absence de peur (ce qui relève au mieux de la prétention, au pire d'une perte de contact avec la réalité), mais le refus d'y céder.

Néanmoins, on aura beau dire, à tout prendre, ô miracle, les héros préférés de l'enfant dans le monde réel, ce sont ses parents. Eh oui, même si maman n'attrape pas de super-vilains avec son lasso magique, même si papa n'enfile son slip par-dessus son pantalon que par inadvertance s'il a fêté un anniversaire la veille, ce sont ses références. Ils sont là pour le protéger, n'ont pas peur des méchants, et se sortent de toutes les situations (hormis parfois face au redoutable tiers provisionnel, mais l'enfant ne peut pas se rendre compte, c'est vraiment pour les initiés). Même s'ils sont bedonnants, grisonnants, avec des grosses lunettes, ils sont beaux. Même si le dépassement de leurs limites se cantonne à une partie de pétanque, ou qu'ils gobent des antidépresseurs, qu'ils n'osent pas lui avouer qu'ils ont raté leur vie, ils sont insurpassables. Ça peut nous faire rigoler, mais après tout, il a raison.

Mission impossible (et pourtant, on y va !)

Il a raison, vous dis-je ! Mais pas pour les raisons qu'il imagine. Après tout, la vocation de parent relève d'un héroïsme quotidien, d'autant plus méritoire qu'il est dénué de prestige et bénévole. Obligé de se lever pendant des semaines ou le plus souvent des mois à pas d'heure, le temps que le petit braillard fasse ses nuits, le parent râle mais n'en est qu'à son tour de chauffe : les années à venir, il consacre le peu de temps libre dont il dispose au coucher, au bain, au repas, à l'habillement, aux trajets, à la réponse aux « Pourquoi ? Pourquoi ? Mais pourquoi ? », aux devoirs, à jouer à la marchande ou aux jeux vidéo. Tout ça relève du sacerdoce (sauf les jeux vidéo, peut-être ?) ! Quand on est parent, on se met entre parenthèses, au second plan, on s'oublie, pour cette petite créature impuissante et sautillante qui nous récompensera peut-être un jour en nous trouvant ringard, ou en déversant son fiel sur notre compte dans le cabinet d'un psy. Et en plus, souvent… on recommence ! On en veut un deuxième ! N'est-ce pas de l'héroïsme ? Ou de l'inconscience…

Et quand on parle de parents, on ne doit pas oublier d'accorder une mention spéciale à la maman, qui, elle, a enduré les joies de la grossesse, des vomissements, des engourdissements, un mal de dos, des problèmes de sommeil, et cette pire épreuve corporelle de l'existence qu'est l'accouchement, même sous péridurale. Et c'est la maman qui, dans la plupart des couples aujourd'hui encore, va surtout s'occuper de l'enfant, en plus des tâches ménagères, le papa étant teeeellement absorbé par des missions professionnelles teeeellement plus importantes que celles de la maman, ou par des soirées entre copains si néééécessaires à son délicat équilibre. Quant aux mamans qui, en plus, se débrouillent officiellement seules avec leur enfant, si ce n'est pas de l'héroïsme, qu'on trouve un mot plus adéquat !

Comme l'enfant, étourdissons-nous des exploits des héros. Des gens qu'on voudrait imiter, ceux qui n'attendent aucune reconnaissance en retour… Tiens, comme des parents, justement. Les parents donnent la vie, veillent sur elle, s'effacent, et disparaissent un jour. Et s'ils ne croient plus beaucoup aux héros de fiction, ni à ceux de la vie politique, ni aux sportifs ou aux artistes, ils devraient au moins, leur modestie dût-elle en souffrir, reconnaître le mérite qu'ils ont à s'occuper de leur enfant. Ils ne se rendent pas compte, le nez dans le guidon, qu'il s'agit d'une mission à part entière, et rares sont ceux qui reconnaîtront jamais s'être montrés à la hauteur. Parce que ces héros-là, au quotidien, sont persuadés, en plus, de tout faire de travers. Le résultat n'est jamais assez bon. Ils ne méritent jamais d'applaudissements. Ils ont bien tort ! Qu'ils sachent parfois, comme les enfants, s'enthousiasmer pour l'héroïsme : le leur. Rien qu'un petit peu.

Ce que nous dit l'enfant :
« Mais, euh, arrête
un peu de te rabaisser ! »

L'enfant sait ce qu'il ne veut pas être (même dans une décapotable rouge)

La première fois de ma vie que j'ai mis les pieds à Monaco, j'avais à peu près vingt-cinq ans. L'occasion se présentait, et j'étais curieux de savoir à quoi ressemblait le fameux rocher. Je marchais dans les rues avec un pote, quand soudain un policier a jailli de Dieu sait où en nous hurlant de nous pousser. Nous avions à peine fait deux pas en arrière qu'une décapotable déboulait en trombe et nous effleurait : j'avais failli me faire renverser par le prince Albert en personne, dans sa belle veste blanche, toutes lunettes noires dehors[1].

1. Une autre collision évitée de justesse, c'est quand je fus à deux doigts de renverser mon verre sur Valérie Trierweiler, qui passait comme une fusée à côté de moi. Je ne sais plus où c'était ni ce qu'elle faisait là, mais comme je ne sais plus ce que je faisais là non plus, l'incident est clos.

Le truc posé sur le siège avant

Un peu plus loin, nous n'avons pas pu résister au plaisir de tenter notre chance au casino. Heureusement que j'ai misé peu, car je n'ai rien gagné du tout. Néanmoins, ce qui m'a frappé, c'est le nombre de vieux types bien plus moches que moi qui se pavanaient au volant d'une grosse voiture, souvent avec une blonde éteinte à leur bras, et parfois seuls comme des andouilles. Tous ces gens extrêmement friqués, contents d'eux mais tirant la tronche, se sentant déshonorés de ne pas faire étalage de leur puissance, je ne les enviais aucunement. De même que certains n'ont pas la tête de l'emploi, ils n'avaient pas celle de leur voiture. Cette carrosserie bling-bling me paraissait trop bien pour eux. Mon pote, lui, tombait dans le panneau, épaté par les véhicules. Les *véhicules*, pas les propriétaires !

Bien des années plus tard, j'ai lu *La Semaine de quatre heures*, de Timothy Ferriss, un bouquin culte pour certains, horripilant pour d'autres. Timothy Ferriss est devenu célèbre avec ce best-seller dans lequel il défendait l'idée non pas de travailler moins pour gagner plus, mais de travailler moins (en externalisant et en automatisant le plus de tâches possibles) pour gagner moins (mais juste assez pour réaliser ses rêves immédiatement, sans attendre la retraite). Et ce qui m'a fait tiquer dans ce livre, entre autres, c'est qu'il fustige ce qu'il appelle « le gros mec dans la grosse voiture rouge décapotable ». Avec un copain entrepreneur, dans leurs années de galère, lorsque l'un des deux flanchait, c'est-à-dire se décourageait ou au contraire se lançait trop à fond dans le système capitaliste stupide, le second lui disait : « Eh mec, est-ce que tu es en train de te transformer en gros lard dans la grosse voiture décapotable ? » (fin de citation). Le grand seigneur de pacotille dans sa luxueuse bagnole vulgaire, l'avachi faussement respectable, était devenu son épouvantail, un peu comme le mien d'ailleurs.

L'endroit du livre où je me fais plein de copains

Or il est excellent de se désigner ainsi un épouvantail personnel auquel on craint plus que tout de ressembler un jour. C'est exaltant, les héros, les modèles, les parangons de courage, de bon goût et de vertu, mais ce qui est tout aussi motivant, voire davantage, et dont on ne parle guère, ce sont bien les tristes sires auxquels on ne voudrait jamais ressembler. Les enfants sont très forts pour les identifier. Il est très rare qu'un préadolescent souhaite devenir comptable, critique littéraire, huissier de justice, et j'en passe. Il en faut, et je n'ai rien contre eux, je les adore et je les embrasse. Peut-être que moi aussi, en grandissant, si j'avais mieux connu leur métier, il m'aurait fasciné, et j'aurais tenté cette carrière. Et ce sont des choix tout à fait respectables[1] à partir du

1. Ça y est, je repose mes rames.

moment où ils sont le fruit d'un élan, d'une découverte, d'une vocation, de l'excitation causée par une opportunité. S'ils ne constituent qu'un pis-aller, parce que papa ou maman le voulait, parce qu'il faut bien manger et que sinon le monde serait trop incertain, en un mot si ces professionnels n'ont pas suivi ce parcours parce qu'ils le trouvaient faits pour eux, avec enthousiasme, alors ils sont devenus comme l'avachi conformiste et somnambule de la décapotable rouge, si ce n'est qu'ils roulent plutôt, peut-être, en Dacia[1].

Comme l'enfant, ou comme Tim Ferriss, trouvez-vous un épouvantail. Un exemple à ne pas suivre. Cela peut être quelqu'un de la famille, un voisin, le pauvre bougre dont la profession vous rebute. Avez-vous réussi à ne pas lui ressembler ? Exercez-vous un métier qui vous aurait horrifié pendant votre adolescence ? Êtes-vous allé trop loin dans l'impasse ? Car le paradoxe d'un cul-de-sac existentiel, c'est qu'il ne mène nulle part mais qu'il n'a jamais de fin : et pourtant, on ne fait pas demi-tour.

Sommes-nous devenus l'épouvantail de l'enfant que nous étions ? Pire encore, serions-nous un épouvantail pour des enfants de notre entourage ? Pour le *nôtre* ? Sachons ce que nous ne voulons pas être. Ce que nous

---

1. J'adore les gens qui roulent en Dacia, d'ailleurs j'ai choisi cet exemple parce que je suis l'un deux, et en diesel, et à la campagne : j'ai donc tout pour me faire mépriser d'une certaine élite. Celle qui conduit une décapotable rouge pour proclamer sa réussite.

ne voudrions sous aucun prétexte devenir, sur le plan professionnel et moral. Gardons solidement ce cap. Et plutôt que les mépriser, remercions nos épouvantails qui nous préservent du pire en voulant nous faire croire qu'ils ont le meilleur.

Ce que nous dit l'enfant :
« Le premier qui ressemble
à son épouvantail a perdu ! »

L'enfant dit prout à Dolores

Ouvrons un peu *Harry Potter*. Un des sept volumes au hasard. Parmi les jeunes élèves de Poudlard, lesquels, au fond de nous, envions-nous le plus ? Harry, parce que c'est le héros ? Ron, Hermione, Ginny, parce que des événements exceptionnels vont les obliger à gagner en maturité à une vitesse exceptionnelle ? Luna Lovegood, parce qu'elle est gentiment évaporée ? Neville, parce que c'est celui qu'on avait sous-estimé ?

Dupont et Dupond sont sur un balai

À y regarder de plus près, ce sont peut-être les jumeaux Fred et George Weasley qui bénéficieront toujours d'un capital sympathie étonnamment élevé. Ils ne sont pas sérieux comme leurs frères Bill, conjureur de sorts à la banque Gringotts, Charlie, qui étudie les dragons en Roumanie, Percy, triste carpette du ministère de la Magie, bien au contraire : ce sont les éternels sales gosses, certes pas méchants (mais c'est parfois limite, comme lorsqu'ils projettent d'enfermer Percy dans une pyramide). Ils s'autorisent quelques libertés avec les règles et la morale, faisant bon usage de la carte du Maraudeur pour s'échapper de Poudlard, ou n'hésitant pas à se vieillir surnaturellement pour pouvoir disputer le Tournoi des Trois Sorciers. Ce sont d'éternels farceurs, moins par paresse ou incapacité à accomplir de brillantes études que parce qu'ils ont décidé, une fois pour toutes, de pervertir le monde des adultes en y insérant une brise permanente d'enfantillages.

Et lorsque les choses deviennent vraiment trop sérieuses, trop graves, et trop injustes pour eux, c'est-à-dire quand la fameuse Dolores Ombrage transforme Poudlard en dictature institutionnelle, là, c'en est trop ! Ils préfèrent encore renoncer à leur scolarité et à une brillante carrière de sorciers en envoyant bouler tout le monde. Leur désertion de l'école restera légendaire, quand ils sèment une panique joyeuse à coups de feux d'artifice et prennent la clé des champs de façon théâtrale en saluant la compagnie sur leur balai. Vous acceptez tous de devenir stupides, soumis, de mettre en berne votre bonne humeur, votre liberté, votre originalité ? Ce sera sans nous ! Et les voilà, sous les applaudissements, volant vers le destin qu'ils se sont choisi, en l'occurrence tenir une boutique de farces et attrapes sur le Chemin de Traverse. Lorsque la situation générale deviendra plus intenable encore, franchement désespérée, et que Harry aura besoin d'eux, ils sauront se porter volontaires contre Celui-dont-on-ne-doit-pas-prononcer-le-nom, acceptant d'avance l'éventualité d'en payer le prix fort. Auparavant, ils auront su faire de leur boutique inoffensive un pivot de la résistance contre les mauvais sorciers, non seulement en fournissant des armes sous couvert de farces et attrapes, mais en incarnant le dernier bastion de folie douce encore debout au sein du Chemin de Traverse, rendu méconnaissable par la terreur.

Au revoir, président !

Ceux-là refusent par excellence de museler l'enfant créatif, joyeux, irrévérencieux qui sommeille en nous tous. Ils n'ont pas besoin de le réveiller, ils l'empêchent de dormir ! On peut penser aussi à la publicité devenue un classique instantané où un salarié, tout heureux d'avoir gagné au loto, se promène en caleçon au beau milieu d'une séance du conseil d'administration, et se filme en train de chantonner d'une voix exagérément suraiguë (enfantine, donc) : « Au revoir, au revoir, président ! » Combien sommes-nous à rêver de dire merde à une foule de gens, non pas en leur tirant dessus ni en les insultant, mais en nous autorisant de telles facéties à jamais hors de notre portée, en procédant sans culpabilité, sans crainte des conséquences ? Ne serait-ce pas le grand midi de nos heures de gloire ?

Adultes trop souvent tristounets et résignés, mes semblables, mes frères (et mes sœurs bien sûr, il y a de la place pour tout le monde), osons un peu, nous aussi, laisser s'exprimer l'enfant abandonné, l'enfant martyrisé, l'enfant outragé, mais l'enfant libéré, celui qui ne veut pas mourir ! Osons l'autoriser à reprendre le contrôle, à revenir au premier plan, osons laisser jaillir le diablotin hors de la petite boîte poussiéreuse au fond de laquelle nous l'avons trop longtemps asphyxié ! Trouvons un interstice au moins, une opportunité fugace, une occasion qui fera de nous un larron, et claquons le beignet à une poignée de fâcheux qui nous rongent l'existence, écrasent notre légèreté de leur lourdeur suffisante, nous contraignent à ravaler notre sourire, à nous excuser d'être là ! Trouvons deux ou trois vieilles chouettes auxquelles fermer insolemment notre porte, avec un sourire béat, sans cruauté, mais sans vergogne ! Hardi !

Et partir sans regrets

Il arrive que les plus âgés se comportent comme des enfants non pas uniquement parce qu'ils perdent la boule et retombent en enfance au sens péjoratif du terme, mais parce que, revenus de tellement de choses et de tellement de gens, ils n'ont plus rien à perdre. Ils savent renouer avec le petit marmot en eux qui ne voulait pas aller aux réunions de famille pour voir la tante qui pique ou le grand-père bougon qu'ils sont devenus à leur tour. Cette fois, peut-être qu'ils évitent les réunions de famille avec les enfants malheureux du couple déchiré, et les petits-enfants avachis sur leur écran et mal élevés ? Peut-être qu'ils en ont soupé, de tout ceci, et qu'ils n'ont plus à cœur, assis sur leur banc ou accoudés au déambulateur, que de regarder le cours du temps charriant son flot continu d'abrutis agressifs, larmoyants, courant après des illusions ?

Et nous pensons alors, cette fois, au sketch de Groland où l'on voit une mamie sautiller dans la rue, toute heureuse, et fredonnant, et faisant des galipettes. Alors quelqu'un se demande : « Mais qu'est-ce qui rend les vieux heureux ? » Et la mamie de répondre : « C'est de bientôt plus voir vos gueules de cons ! »

Elle aussi sait dire au revoir avec joie, dans un feu d'artifice. « Vous ne nous aurez pas », pourraient dire les jumeaux Weasley. « Vous ne m'aurez plus », pourraient dire le monsieur en caleçon ou la vieille dame ravie d'avoir bientôt purgé sa peine. Allons, tendons le micro à notre enfant intérieur : à qui dira-t-il merde ?

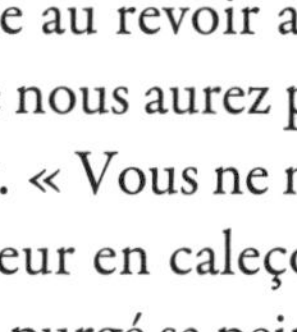

Ce que nous dit l'enfant :
« Répète après moi : "Merde !" »

Il court, il court, l'enfant

Il ne tient pas debout. Il ne tient même pas assis. Et pourtant, regardez-le se concentrer, froncer ses petits sourcils, et agiter ses avant-bras potelés, les poings serrés, dans l'espoir de saisir son doudou, la petite cuillère, le biberon, n'importe quoi, dès tout bébé ! Il pourrait se la couler douce, passer son temps à dormir et se faire bichonner, mais non, c'est plus fort que lui, il veut bouger pour explorer les objets, attendant de pouvoir fourrer son nez dans le monde entier, c'est-à-dire, déjà, toute la maison. Lorsqu'il grandit, même quand il dort nous le retrouvons dans les positions les plus improbables : les pieds sur l'oreiller, ou perpendiculaire au lit, il s'est contorsionné dans son sommeil.

Il est passé par ici...

L'enfant n'aspire qu'à *bouger*. Intellectuellement, en apprenant, en écoutant, en espionnant, en se transportant par l'imagination dans les histoires que vous lui lisez, mais aussi physiquement, avant tout. Bouger, c'est partir à l'assaut du réel en s'amusant. C'est aller plus loin, courir plus vite que les autres, marcher, sauter, nager, tout, tout, tout !

Un trottoir ? Il marche en équilibre sur le bord, puis danse d'un pied sur l'autre tantôt sur le bord, tantôt dans le caniveau. Un arbre ? Vite, il lui faut agripper la branche la plus basse. Des cailloux ? Vite, les lancer, jongler avec ! Une piscine à balles ? Un toboggan ? Une pente enneigée ? Vous savez déjà ce qu'il va faire. Il n'a pas peur (parfois pas assez), n'a pas honte de son corps, sa maladresse n'est qu'une étape, et il ne compte pas économiser l'énergie qu'il a à revendre.

Il joue au foot. À la corde à sauter. À la balle au prisonnier. Et puis voilà, on entend l'immobiliser ! Le caler sur une chaise à table pour ses repas (toujours trop longs pour lui). Et à l'école, aussi (ça, c'est aberrant pour un enfant normalement constitué). Et dans la voiture, encore, pour d'infinis temps de trajet. Pas étonnant qu'il crie en sortant, et qu'il se mette à courir comme un malheureux marcheur perdu au milieu du désert apercevant les miroitements de l'oasis.

Et puis, mais ça, il le fait de meilleure grâce, il se retrouve assis devant la télé. Sa console. Sa tablette, son ordi. Et lui qui se trouvait en déficit d'activité physique alourdit encore sa dette. Il a beau trépigner sur son siège, se lever à moitié, commenter, vociférer, ça ne vaut pas un investissement corporel dans le monde réel. Ce ne sont que des esquisses de mouvements, et la fatigue qui s'ensuit doit infiniment plus au stress et à la frustration qu'à la dépense de calories.

Il repassera par là

Et nous, alors ? On s'accommode souvent fort bien de ne pas décoller de notre siège. Passer la vie assis, ah, quel rêve ! Quelle utopie… Et pourtant, quelle erreur. Prendre toujours l'escalator ou l'ascenseur, travailler sur son auguste séant huit heures par jour et ne se lever que pour griller une cigarette ou un plat cuisiné dans le four à micro-ondes, c'est du suicide à petit feu, on le sait bien. Pour la plupart d'entre nous, le sport, d'accord, mais pour nous donner bonne conscience. Uniquement pour suivre le corbillard de nos amis sportifs, comme disait George Bernard Shaw. Pour qu'on puisse dire, le jour où il y aura un pépin : « Je ne comprends pas, j'ai pris soin de moi ! Du moins, j'ai dû limiter les dégâts… »

Il va sans dire qu'outre le jeu, l'apprentissage, la créativité, la spontanéité, l'activité physique est bien *la* caractéristique de l'enfant dont nous devrions tous nous inspirer tant les effets bénéfiques du sport, même sur un mode pépère, sont avérés pour la santé, la silhouette, la matière grise, l'estime de soi, la longévité, la prévention des maladies graves… Il est des jours où nous remonter les bretelles serait déjà l'équivalent d'une séance d'haltères. Haut les cœurs, notre corps optimisé pour nos ancêtres nomades qui suivaient leur garde-manger sur pattes à travers les forêts et la steppe n'est pas fait pour être posé là, en potiche[1]. Qu'avons-nous fait de ce prodige de l'évolution sans lequel notre cerveau n'aurait jamais été capable de tant de prouesses ? Avachi, amorphe, atone, remonté comme une pendule arrêtée, que faisons-nous de ce corps théoriquement si souple, si habile, si endurant ? Vis-à-vis de nos origines, de tout de ce que nous étions ne serait-ce que voici dix mille ans, c'est de la haute trahison. Que dis-je ! Nous trahissons aussi ce temps pas si lointain où nous étions enfants nous-mêmes, bouillonnants, prêts à en découdre, à embrasser le réel d'une étreinte passionnée.

Faisons comme l'enfant, avant que sa Switch, du moins, ne lui envoie un aller simple pour la pétrification. Avant qu'il ne se fossilise. Avant que se scotcher devant un écran ne l'intéresse davantage que sentir l'air dans ses poumons, la vie influer dans son corps et puis en rejaillir. Il reste une petite fenêtre de tir où l'être humain bouge encore, là-bas, pas très loin de la naissance, au moment où à peine a-t-il appris à marcher qu'on lui demande de s'asseoir et de négliger son corps.

À mon commandement, on marche, on promène le chien, on pédale, on nage, et on danse ! On se trémousse, on se dandine, on sue ! Et que ça saute (et sur un trampoline) !

1. Sauf pour lire le présent plaisant petit livre, bien entendu.

Ce que nous dit l'enfant :

« Hop ! »

L'enfant adore se faire débarbouiller par un toutou

Peut-être avez-vous des souvenirs d'enfance liés à des visites dans des Ehpad et autres maisons de retraite qui relevaient de la corvée. Peut-être y avait-il des seniors tout à fait attachants, encore pimpants, élégants, gais, curieux de vos centres d'intérêt et de la jeunesse en général. Sans doute s'agissait-il, hélas, de radieuses exceptions. Car la majorité (vous pouvez l'avouer à présent, on est entre nous) devaient vous apparaître au mieux inquiétants, au pire cauchemardesques. Et répugnants, aussi (non, ça, ne l'avouez pas, gardez-le pour vous).

L'enfant ne comprend pas les personnes âgées, hormis ses grands-parents qu'il peut trouver pittoresques et irrésistibles puisqu'ils le déifient. Il a l'impression que les vieux ont toujours été vieux, que les lois de la logique et de la physique rendent tout à fait impossible qu'ils aient pu être des enfants, eux aussi. Qu'ils aient pu jouer, rire, se bagarrer, tomber amoureux, être cool, punis par leurs parents... Justement, tiens, si ces papys et mamies ont toujours été vieux, alors à quoi devaient ressembler leurs parents à eux ! À des parents comme les autres, donc plus jeunes que les nés-vieux. Ou alors encore plus vieux ? Incompréhensible !

Abradacabra ! Tout le monde craque !

Ces figures éteintes, égarées, soupçonneuses, et surtout inexpressives, ont tout pour faire fuir un enfant à toutes jambes : il lui faut souvent prendre sur lui pour supporter sans faillir ces faces tristes. Tristes au moment de faire un Scrabble, de regarder la télé, de discuter pour le goûter. Mais soudain métamorphosées, méconnaissables, enchantées, lorsque surgit un animal. C'est magique ! Un animal, ce n'est pas compliqué : ça ne sait pas mentir, ça ne trahit pas, et même s'il a ses foucades et ses caprices (amis chats, si vous me lisez, je vous salue), les rapports avec eux sont simplifiés au maximum. Si c'est un chien, il vous aime, vous idolâtre même. Si c'est un chat, il vous juge, mais a la faiblesse de s'attacher à vous malgré tout (monsieur est trop bon). Si c'est un lapin, il remue les narines... Un animal, comme nous n'avons pas le même langage, ne nous prête pas de mauvaises intentions, et comme il ne rumine pas ses griefs, il ne nous jalouse pas, ce qui permet des rapports fluides. C'est bien rare les papys et mamies dont le regard ne s'ensoleille pas, exceptionnellement, quand on leur rend visite avec une petite bête.

Et c'est bien rare, les enfants qui n'aiment pas les animaux. On ne parle pas forcément des araignées, mais de tous ceux auxquels on peut attribuer des sentiments, tous ceux avec lesquels on ne peut que constater une relation, ou à qui imaginer (quitte à exagérer) des trésors d'intelligence et de dévouement. Il suffit que son chien cligne de l'œil, et l'enfant y voit un signe de connivence : « Le chien a voulu montrer qu'on est les seuls à se comprendre tous les deux… » Il ne lui viendrait pas à l'idée que Toutou ait voulu chasser une poussière, ou qu'il ne s'agisse que d'un pur hasard palpébral mécanique.

Ce rapport enchanté à l'animal est un signe de bonne santé mentale. Il n'est pas rare d'apprendre qu'un tueur en série avait suscité le dégoût de ses camarades ou de ses voisins parce qu'il occupait son temps libre, enfant, à torturer un chat (fi donc ! Un si charmant quadrupède !). C'est d'ailleurs lors d'un voyage scolaire en Espagne, pendant mes années de collège, que j'ai assisté à une bien triste scène. Un ado du cru, tout fier de lui, était venu présenter à notre groupe de Français un oiseau qu'il avait réussi à attraper dans sa main : évidemment, on s'est extasié. Et on attendait avec impatience le moment de le relâcher. Mais alors, le grand con a arraché les deux pattes de l'oiseau vivant.

Mon Dieu ! Il avait un copain tout aussi intellectuel qui s'amusait à passer son briquet allumé sur le bord du réservoir d'essence ouvert de sa mobylette. On a couru pour éviter la déflagration, qui n'a miraculeusement pas eu lieu. Moi, je courais aussi pour échapper à la vision de l'autre bourreau. J'aurais voulu qu'il soit brûlé vif par l'explosion du deux-roues de l'autre ballot, et que la Terre soit débarrassée de cette racaille. Ce n'est pas glorieux, comme mauvaise pensée, n'est-ce pas ? Eh bien, j'ai un scoop : je la regrette à peine.

Dominé, mais content

Beaucoup d'éducateurs canins (mais pas tous, j'insiste, il y a plusieurs écoles) mettent l'accent sur la relation de domination que nous devons entretenir avec un animal. Il faudrait toujours lui rappeler qui est le maître, à quoi il n'a pas droit, sous peine qu'il prenne trop ses aises et ne comprenne plus rien à notre relation. Mmh-mmh… Avant d'avoir un chien, j'ai regardé beaucoup de vidéos réalisées par des éducateurs canins. Et puis je suis tombé sur une autre où l'on voit un monsieur très sérieux rentrer du boulot, et se jeter par terre pour que ses deux chiens, rituellement, accourent pour lui lécher le visage en sautant de joie. Et le maître se tortille, fait semblant de vouloir leur échapper, se laisse débarbouiller en riant, par terre. Un vrai gamin. Quelque chose me dit que la relation de domination, lui, il s'en tamponne le coquillard.

Avec un animal, même les personnes âgées malheureuses et acariâtres trouvent un peu d'amour à donner dans leur cœur apparemment trop sec. Même un adulte en costume, qui s'est peut-être ennuyé toute la sainte journée à son travail, s'amuse comme un heureux nigaud sur le carrelage de son vestibule avec deux chiens qui, quel que soit leur âge, retrouvent aussi leur âme d'enfant, en l'occurrence de chiot. Amusons-nous comme un enfant avec un animal. Il ne nous reprochera pas notre manque de sérieux, il nous aimera. Avec un peu de chance, il nous gratifiera de sa bave et son haleine.

Ce que nous dit l'enfant :
« Qui n'aime pas les bêtes est bête. »

L'enfant adore se réincarner trente ans plus tard au rayon des Lego

Je me promenais dans un magasin de jouets avec mes enfants, qui rôdaient plus particulièrement du côté des Lego et complotaient à voix basse pour savoir quels cadeaux ils parviendraient à soutirer à leurs richissimes parents pour leurs prochains anniversaires. Quand je fus enfin parvenu, non sans peine, à les exfiltrer, nous eûmes la surprise de voir nous succéder dans ce même rayon un monsieur de notre connaissance, âgé d'une quarantaine d'années, qui venait fureter en douce pour repérer les dernières nouveautés.

Revoir Hélène...

Nous savions qu'il était, et reste encore, un collectionneur chevronné. Il a chez lui des monceaux de Lego très rares, disposés un peu dans toutes les pièces, au risque de se laisser cannibaliser par sa passion et d'incommoder sa famille, y compris ses enfants qui se sentent peut-être écœurés par son obsession (il ne manquerait plus qu'ils appartiennent au camp adverse, celui des Playmobil, les Judas !). J'ai adoré le surprendre dans ce magasin. Avec mes enfants, on l'a illico surnommé Monsieur Lego. C'était attendrissant de le voir là, tout seul, s'autorisant le même petit plaisir, certainement un peu coupable, depuis des décennies.

Un peu coupable, et c'est dommage : on ne devrait jamais s'excuser de maintenir un lien avec son enfance. Moi-même, au moment où j'ai aperçu Monsieur Lego, je comptais inspecter les nouveautés du côté des figurines *Star Wars*. Oh, pas pour en acheter, je n'ai aucune envie de sombrer dans un gouffre financier pour des jouets avec lesquels je ne m'amuserais plus à élaborer des histoires, comme jadis, bien avant la prélogie, quand j'imaginais comment l'Empire avait pu remplacer la République, comment Anakin était devenu Vador, comment Yoda s'était retrouvé exilé, ou ce à quoi pourrait bien ressembler un hypothétique épisode VII. J'en avais, des figurines ! Et des vaisseaux ! Très recherchés aujourd'hui, une mine d'or pour les collectionneurs. Mais ce que je regrette, ce n'est pas leur valeur financière. C'est qu'ils aient été prêtés, et cassés, perdus, parfois revendus à mon insu. Je m'en veux, j'aurais dû les garder ! Et qu'en ferais-je ? Rien. De temps à autre, en les sortant de leurs cartons, je me ménagerais un petit rendez-vous secret avec l'enfant que je ne suis plus. C'est tout. C'est beaucoup…

Et vous, avec quels jouets, quels dessins animés, quelles lectures, quelles vieilles peluches mitées allez-vous retrouver une part d'enfance ? Je ne vous cache pas que c'est parfois une mauvaise idée. Relire des vieux *Strange*, revoir des *Goldorak* ou des *Hélène et les Garçons*, ça peut casser le mythe. On peut trouver ça consternant, après toutes ces années. Mais ça fait tout de même plaisir et parfois, la magie reste. Monsieur Lego guide nos pas dans le plaisir attendrissant, inoffensif et nécessaire de tenir la main de l'enfant que nous avons été, et de lui dire : « Tu vois, je t'accompagne encore. Et tu m'es précieux. N'aie pas peur, je ne t'ai jamais tout à fait abandonné. »

Strange…

Quand j'étais petit, j'avais vu un jour dans le courrier des lecteurs de *Strange*, justement, un adulte qui se plaignait de faire l'objet de moqueries parce qu'il lisait des histoires de super-héros. De mémoire, ça donnait : « Je croule sous les reproches, mon *Strange* à la main. » Un ou deux mois plus tard, dans la même rubrique, d'autres « grands » avaient pris sa défense. L'un d'eux, si je me souviens bien, était médecin. Il expliquait qu'il n'avait pas honte de lire des BD réservées en théorie aux enfants. Il avait bien raison ! Avant les années 1970, toutes les bandes dessinées étaient considérées comme des gamineries qui devaient passer avec l'âge. Et puis *Pilote*, et surtout *L'Écho des savanes* et *Fluide glacial* sont arrivés, et ont montré que la BD pouvait aussi s'adresser aux adultes. Dans les années 1980, avec Frank Miller ou Alan Moore, les comics sont entrés dans une phase plus sombre.

Aujourd'hui, ce genre de cloisonnement est totalement obsolète, fort heureusement. La BD, de super-héros ou non, mais aussi toute la culture pop sont l'affaire de tous. Le rock n'est plus seulement pour les adolescents rongés par la frustration sexuelle, comme au début : c'est même plutôt devenu un truc de vieux, ce que j'affirme sur un ton aucunement péjoratif, puisque je suis le premier concerné. Les enfants peuvent écouter la même musique que les parents, qui peuvent se passionner pour les mêmes jeux vidéo. Le brassage des genres donne un cocktail savoureux, au point qu'il est incroyable pour ceux de ma génération de voir que les plus jeunes s'éclatent avec Rick Astley, devenu un mème sur Internet. Et on se surprend soi-même à éprouver davantage d'indulgence pour ce qu'on condamnait étant ado : après tout, si tout le monde peut se marrer sur cette musique, c'est toujours ça.

Ainsi, quel que soit notre âge ou le péché mignon issu de notre enfance, allons en paix : nous pouvons savourer tranquillement notre madeleine de Proust, qu'il s'agisse d'Astérix, de *Retour vers le futur* ou des *Démons de minuit*. Désormais, ce sont ceux qui n'affichent aucun goût enfantin qui paraissent suspects !

Ce que nous dit l'enfant :
« Tes jouets d'hier
sont tes reliques de demain. »

L'enfant est épicurien

Quel est le point commun entre une portion de Vache qui rit qu'on déshabille en tirant sur la chevillette… non, sur la languette, et puis de la pâte à prout, et un affreux petit chien hargneux qui est peut-être hargneux mais qui est un petit chien, le dernier jeu vidéo qui permet de décorer sa salle de bains virtuelle à condition qu'on ait cueilli quarante coquelicots dans le jardin virtuel aussi, une chanson construite sur deux accords et demi pour dire qu'il faut s'accrocher à son rêve comme la moule à son rocher, et puis une poire qui gicle tout plein de jus quand on la croque, une bataille d'eau avec des arrosoirs, et encore une mésange qui prend son bain dans une flaque d'eau, et sentir la sueur mais refuser de se laver, et on pourrait continuer longtemps, jusqu'à ce qu'une nouvelle explosion du prix du papier et l'accélération de la déforestation amazonienne nous interdisent d'augmenter encore la pagination de ce livre ? Alors, quel est le point commun ? Ça rend l'enfant heureux.

Le sens inné du plaisir simple

Nous, il nous faut des diplômes, écraser un ou deux collègues, feinter le fisc, acheter le nouvel iPhone qui n'a rien de plus que le précédent si ce n'est une augmentation de son prix et consécutivement de notre prestige, mais lui, un sac-poubelle mal fermé qui se déverse quand on essaie de le sortir, et le voilà qui enchaîne des tombereaux de rires et qui exulte comme s'il venait de gravir l'Everest sans l'amputation d'une phalange. L'enfant est épicurien. Il aime manger (ce qui lui plaît), dormir (quand il lui plaît), s'amuser, apprendre (ce qui l'intéresse), aimer (ceux qui sont au centre du monde, donc du sien), et puis encore manger, et encore s'amuser, et dormir aussi (mais pas trop). De même qu'il aime ses proches sans condition, il prend du plaisir sans filtre, sans s'assurer auparavant qu'il ne va pas déchoir à nos yeux ni aux siens en avouant une inclination pour quelque chose qui n'en vaut pas la peine Il ne met pas le petit doigt en l'air avant de savourer son soda rempli de produits chimiques. Il n'exige pas le tapis rouge pour débarquer au fast-food à cloche-pied, mais se pourlèche déjà des taches de mayo dont il va maculer ses cuisses pendant le repas.

Toujours et encore, on en revient à cette extraordinaire incapacité à l'hypocrisie et à la pente glissante qui fait se prendre au sérieux. Que d'efforts il nous faut accomplir pour ne plus en faire ! Pour nous laisser aller, comme un enfant, à jouir non pas sans entrave, mais sans s'excuser de ce qui peut-être n'en vaut pas la peine !

Retour aux sources (celles qui jaillissent)

Qu'il est compliqué de reconquérir le goût des plaisirs simples... Si, comme le proclamait le poète Gregory Corso, le pouvoir, c'est se tenir au coin d'une rue et n'attendre personne, qu'il n'y ait pas de malentendus : n'attendre personne, ça ne signifie pas refuser quelqu'un. Ça veut dire être libre de suivre qui on veut, de laisser quelqu'un vous suivre. Être ouvert à l'opportunité des nouveaux plaisirs que le hasard peut laisser dériver jusqu'à nous.

Le grand, lui, ne se tient pas au coin de n'importe quelle rue, et il attend quelqu'un. Quelqu'un qui lui ressemble, qui sera digne de lui, et bien souvent, il s'attend lui-même. L'enfant n'attend personne. Quelques milliards de routes partent de, et aboutissent à, son carrefour. Il pourra suivre par plaisir un joli scooter qui captera son regard (même sans président de la République dessus), ou bien une chanson dansante échappée d'une fenêtre, ou encore un autre enfant à l'air malicieux qui va lui annoncer connaître un super parking de supermarché pour essayer un skate, ou tout ce qu'on voudra, et le voilà parti de découverte en découverte.

Où diable avons-nous enterré ce trésor qu'est le rapport ludique à l'existence ? Où l'avions-nous enfoui pour être sûr de le retrouver un jour, alors que nous en avons aujourd'hui oublié la cachette et peut-être même jusqu'à l'existence ? À tout âge, en toute circonstance, il n'est jamais trop tard pour une nouvelle partie de cache-cache avec le malheur, en espérant qu'il ne nous retrouvera plus. Il n'est jamais trop tard pour tester ce je-ne-sais-quoi qui nous appelle et nous intrigue. Pour donner sa chance au plaisir, et peut-être à la joie qui s'engouffrera dans la brèche. L'existence est un immense terrain de jeu. On peut très mal commencer une partie, puis retourner la situation, ou rebattre les cartes et en commencer une autre. Pas dans l'espoir de gagner, mais d'indéfiniment s'amuser. L'enfant l'a compris, et nous, nous refusons, parce que nous préférons dicter les règles du jeu afin de mieux les suivre. Mais notre inspiration est piteuse, les règles sont guindées, et on s'ennuie.

Pendant ce temps, juste sous notre fenêtre, un gamin prend un plaisir enivrant à écrire « sale » dans la crasse de notre carrosserie. Et puis il lance un marron, rigole de la coiffure d'un homme politique sur une affiche, reprend son chemin vers l'insouciance en attendant que nous l'ayons rattrapé pour en faire un adulte aussi passionnant que nous...

Ce que nous dit l'enfant :

« Y a la vie qui veut jouer ! Tu viens ? »

L'enfant passe par toutes les émotions

L'enfant prend davantage soin de son corps que nous, puisqu'il bouge beaucoup plus. Et qui dit corps, dit émotions !

Émotions, sentiments, croyances

Pression sanguine, rythme cardiaque, tension artérielle, sudation, libération d'hormones et de neurotransmetteurs... L'émotion constitue la réaction biologique à une situation. La *perception* d'une agression crée de la peur, ou de la colère. La *perception* de quelque chose de bénéfique engendre du plaisir ou de la joie. Idem pour le dégoût, la surprise, etc. C'est dans l'*interprétation* de cette émotion, dans son évocation, sa reviviscence, son souvenir, que naît le sentiment, accompagné d'un discours, d'une représentation développée.

Si quelqu'un nous paraît attirant, notre corps nous fait éprouver du désir, mais suivant notre histoire personnelle, notre humeur du jour, notre culture, nous allons élaborer autour de cette émotion une histoire plus ou moins solide et constante : « C'est quelqu'un qui mérite d'être connu, ou qui m'est destiné, ou qui doit être particulièrement déluré, ou qui doit être déjà pris et c'est toujours comme ça », etc., etc.

Suivant notre éducation, notre environnement, notre expérience, nos conversations, nos lectures, nous allons moduler non seulement le sentiment, mais aussi, en retour, l'émotion même. Oui, nous allons nous interdire, avec un succès souvent tout relatif, d'en éprouver quelques-unes : « Un homme ne pleure pas, une femme ne doit pas montrer sa colère, dans un monde pareil on ne peut pas être joyeux, méfions-nous de tout ce qui peut nous attirer chez les hommes qui sont tous des salauds », on en passe.

Les émotions sont un continuum, un flux incessant. Nous passons de l'une à l'autre au gré du hasard, de notre état d'éveil (le manque de sommeil donne des couleurs plus sombres à nos perceptions et interprétations), mais aussi de ce que nous attendons de la vie. Nos croyances filtrent notre attention (le « biais de négativité », par exemple, nous fait remarquer en absolue priorité ce qui suscite en nous du désagrément, et nous pousse à négliger non seulement de rechercher, mais de remarquer le reste). Le déséquilibre des émotions accompagne ou accélère de nombreux troubles psychiques, quand il n'en est pas à l'origine.

N'opposons pas, ni pour l'enfant ni pour nous, l'intelligence aux émotions. L'émotion sans intelligence est invivable, et mène fatalement à des conflits d'ego. Regardez les réseaux sociaux, où la sincérité glapissante et agitée dispense trop souvent de chercher des arguments, et même d'en écouter. Tandis que l'intelligence sans émotions a des propriétés desséchantes. Songez aux interminables discours, comptes rendus et autres pensums qui nous font nous languir que l'orateur glisse une anecdote rigolote, ou se morde la langue, ou éternue, n'importe quoi qui nous ramène à quelque chose de *ressenti*. Les émotions, c'est la vie. Les sentiments, avec notre intelligence et notre imagination, c'est ce qu'on en raconte.

Tout est bon, dans l'émotion

Nous devrions nous autoriser à ressentir toutes les émotions. Ne surtout pas réfréner les plus agréables (pourvu que ça dure !), ni réprimer les pires (mais sans s'y complaire ! Les laisser passer)... L'*équilibre* psychique passe par une vision *équilibrée* de la réalité : ne voir ni tout en noir ni tout en rose, apprécier la palette des couleurs, l'étendue des nuances. Nous sommes constitués de lumière et d'obscurité, exactement comme les gens et la réalité, et les événements, qui nous entourent. La joie est essentielle, la peur a son utilité (vous m'en direz des nouvelles la prochaine fois que vous éviterez une trottinette), la colère est indispensable (pour nous faire respecter, et signaler à autrui qu'il nous semble, à tort ou à raison, franchir une limite). Aucune émotion n'est là par hasard, chacune a son utilité pour notre quotidien et notre survie. En renier une, c'est déséquilibrer l'ensemble.

Accepter toutes nos émotions ne veut pas dire que notre raison sera occultée, que nous serons incapables de bien nous comporter, que nous allons verser dans les excès. Éprouver de la colère ne veut pas dire que nous allons massacrer quelqu'un, pas plus qu'accepter la joie ne va nous ridiculiser. Tout doit être présent dans notre vie, le rire, la tristesse, rien n'est de trop, rien n'est illégitime.

L'enfant, lui, n'ignore aucune de ses émotions. Ses colères pétaradent (hélas), il ne réprime pas longtemps sa peur pour le plaisir de rouler des mécaniques, il est triste, il aime rire, il est surpris, choqué, et la libre expression ou le refoulement de ses réactions dépend du message que nous lui envoyons à l'instant T, c'est-à-dire de nos réactions propres. Autorisons-le à tout ressentir, tout exprimer, mais sans qu'il se laisse déborder. Ses émotions, ses sentiments, ses croyances sont modulables, les conclusions qu'il en tire sur l'existence, sur la pertinence de ses comportements et sur la valeur de sa personne, aussi. C'est à nous de nous montrer vigilants. Mais ne lui interdisons, d'emblée et par principe, aucune émotion, pas même la colère, la tristesse. C'est normal d'éprouver des choses diverses, et pas toujours fantastiques, quand on est un humain. Ça fait partie des interactions avec autrui, avec la chance, avec le fil des jours. Ça fait partie du corps. Ça fait partie du jeu. Et nous y jouons aussi, nous, adultes.

Ce que nous dit l'enfant :
« Le tri sélectif,
c'est pas pour tes émotions ! »

Il rit de tout, l'enfant !

S'il est vrai qu'un rire vaut un steak, alors l'enfant est carnivore. C'est un ogre !

Inoffensives surprises

La première fois qu'on l'entend rigoler, on tombe de sa chaise en pleurant. N'importe quoi le fait rire, une syllabe (qu'on répète alors pendant vingt minutes en pouffant aussi), ou bien une petite grimace, un geste, un regard. Un truc qu'il a attrapé au vol et qui lui permet d'observer que son gloussement attire notre attention. Ça ne tombe pas dans l'oreille d'un myope, ça… Rire, après avoir observé quelque chose d'inhabituel, c'est se trouver soi-même au centre du monde, ouvrir une voie royale vers une communication spontanée, agréable, le rire se concentrant uniquement sur sa perpétuation, le prétexte à la bonne humeur disparaissant au passage. Rire, c'est partager.

En guise de détonateur, l'enfant remarque quelque chose d'incongru, mais d'inoffensif. D'anormal, mais qui ne trouble pas l'ordre du monde au point de constituer une menace. Le rire s'amorce avec l'anxiété qui aurait pu naître d'un phénomène hors du commun. Le clown est tombé, mais il ne s'est pas fait mal : c'est drôle ! Papa a dit une bêtise, et on sait très bien qu'il n'est pas vraiment bête : c'est drôle ! Maman a fait tomber un bout de pizza dans son décolleté : c'est drôle[1] ! On explose !

En grandissant, l'enfant rit de tout. Des mots, des situations, des gaffes, petits tics et gros défauts des autres. Le rire est également le marqueur de l'autosatisfaction : l'enfant gagne à un jeu, découvre un endroit qui le surprend, et zou, son rire tintinnabule, pour souligner sa joie dans le moment présent. Et puis l'enfant rit juste parce qu'il est avec ses copains et copines, il rit de trucs pas drôles, il rit de rire, quitte à finir par se forcer et fatiguer tout le monde.

Le rire en peau de chagrin

Avec l'âge, on rit nettement moins. Il paraît que notre temps quotidien de rire ne cesse de baisser. C'est qu'on devient difficile ! D'abord, on entend bien être pris au sérieux dans différents contextes, paraître

1. Là, faut reconnaître.

important, impénétrable, dominant, alors on montre moins ses émotions. On a l'impression que sourire, c'est s'avouer niais, vulnérable, se mettre à la disposition de l'autre. Et puis, on est conscient que beaucoup d'anomalies du monde ne sont pas si inoffensives que ça. On n'a plus autant envie de rire de ce qui perturbe le quotidien, on préférerait encore qu'il ne se passe rien. Savoir avec qui rire, quand, et de quoi, constitue une véritable discipline. Une plaisanterie maladroite, ou mal comprise, peut vous attirer une réputation désastreuse, au travail comme sur les réseaux sociaux. Quand on est grand, on doit rire à bon escient.

Il n'y a guère que les réunions entre amis qui nous offrent une soupape de sécurité : alors là, on rigole de tout et de rien (surtout de rien d'ailleurs), on retrouve la joie enfantine de rire pour rire. Il nous arrive même de rire encore plus si ce n'est pas drôle du tout, et qu'on le sait, et que les observateurs extérieurs doivent nous trouver consternants et s'incommoder de notre attitude. Plus d'une amitié adolescente ou étudiante a été cimentée par des fous rires dont on gardera longtemps le souvenir, en désespérant même de les ressusciter.

Avec le temps, même, le danger est grand de voir le rire naître principalement du dépit, du cynisme, de la méchanceté. On n'a plus le rire sonore et cascadant d'autrefois, mais on grince. On ne charrie plus des flots de bonne humeur, on ponctue. On rit de la bêtise des autres, on rit parce qu'ils sont risibles, on rit d'un humoriste à la radio qui se moque de quelqu'un d'autre et insinue que personne ne vaut vraiment la peine d'être cru ni respecté, sauf nous, puisque nous jouissons au moins de l'étourdissante intelligence de ne pas être dupe. On rit de la distance que l'on prend avec les gens et les événements, on ne rit pas en se rapprochant de quelqu'un avec qui on partage spontanément une émotion heureuse. C'est un rire méfiant, intellectuel et clivant, pas un rire qui accueille la surprise dans l'instant et le soulagement d'une bizarrerie désamorcée, la maîtrise d'une incongruité.

Rire comme un enfant, ce serait rire sans calcul, sans pose. Rire de plaisir, et pas pour attaquer où se défendre. Mais comment faire ? En retrouvant le goût du jeu, peut-être, c'est-à-dire d'une activité totalement inutile mais précieuse entre toutes. Là, on ne rit plus du monde en faisant la grimace, on rit ensemble de ce qu'on fait, de ce qu'on partage, pour rien, parce qu'on se laisse entraîner, parce qu'on ne réfléchit pas, parce qu'on abolit toute distance avec ce qui nous intéresse et avec les autres. Puissions-nous retrouver les délices de l'humour « bon enfant », gratuit, récurrent. Pour redorer un peu notre rapport au monde, muscler nos abdominaux, et engloutir des tonnes de steaks même quand on est végétarien. Commençons donc, peut-être, par rire de nous.

Ou faire rire de nous...

Ce que nous dit l'enfant :
« Tu nous fais rigoler
quand tu te prends au sérieux ! »

Ah là là là làààà !
L'enfant fait le clown !

Mon père avait une cinquantaine d'années lorsque, dans un restaurant où nous déjeunions en famille, il ne put s'empêcher de lier connaissance avec le couple de la table voisine. Il était toujours comme ça, à entamer la conversation avec n'importe qui et à lancer vanne sur vanne. Ce jour-là donc, de fil en aiguille, il en était arrivé à expliquer qu'en dehors de sa profession, il se livrait à de mystérieuses activités, bien peu communes. Et les autres se languissaient : « Mais qu'est-ce que vous faites donc ? » Il refusait de le dire, avec son air malin. Alors ma mère vendit la mèche : « Ben, il fait le clown ! »

In memoriam du clown Nénesse

Et c'était vrai. À la cinquantaine donc, avec deux vieux copains, mon père écrivait des sketches, mimait, chantait, et incarnait le clown Nénesse. Il a donné des dizaines de spectacles dans les environs de Vendôme[1] avant d'arrêter, victime de son succès, parce qu'il n'avait plus un week-end à lui. C'est aussi l'époque où il s'était mis en tête de jouer du saxophone et de l'harmonica, mais, comme il le reconnaissait lui-même, les canards volaient bas[2]. Il fallait être courageux, pour oser s'amuser ainsi à son âge. Mais il avait raison, et ce fut une très belle leçon de vie pour moi.

Faire le clown, ça ne devrait pas être réservé à l'enfant. Nous avons tout ce qu'il faut pour nous en acquitter mieux que lui. Nous maîtrisons mieux le second degré, nous savons mieux nous mettre à la place du public pour déjouer ses attentes et le surprendre, nous savons mieux nous approcher de la lisière entre l'acceptable et l'inacceptable, nous savons mieux jusqu'où repousser les limites. Et pourtant, nous nous interdisons de le faire ! Nous laissons l'enfant monopoliser l'art du clown, et voilà qu'il enfile ses chaussures à l'envers, qu'il mélange volontairement des paires de chaussettes, qu'il s'engouffre dans notre robe ou notre pantalon infiniment trop large pour lui, qu'il prend une voix stupide en se balançant d'un pied sur l'autre. Il fait semblant de se cogner, il confond la porte d'entrée et celle du frigo, en

1. Je vous l'avais dit, que j'étais un gars du Loir-et-Cher !
2. Je ne me suis jamais mis de sa bouleversante interprétation au sax de « Si tu veuuux faire mon bonheeeeur, Margueriiiiteuh, Margueriiiiteuh, si tu veuuux faire mon bonheeeeur, Marguerite ! Donne ! Moi ! Ton ! Coeuuuur ! ».

un mot : *il n'est pas drôle.* Si ça n'était pas le nôtre, hein… Mais le pire, c'est qu'il rigole à ses propres blagues, ce qui dénote un manque de professionnalisme comique criant. Mais le pire du pire, c'est que nous rions aussi, et que nous nous surprenons à l'imiter un peu. Oh, papa a mis sa cravate sur sa tête ! Oh, maman s'est collé de la béarnaise sur le bout du nez ! Pouffons donc ! Ah là là, faut-il que nous soyons aimants et consciencieux pour que ces improvisations restent dans les mémoires comme d'authentiques instants de bonheur…

Or donc, parents de tous poils, unissons-nous ! Partons à l'assaut des cimes de la rigolade ! Libérons le clown Nénesse qui trépigne en chacun de nous et ne demande qu'à casser les oreilles à la cantonade en crachant dans son saxophone, avec des chaussures trop grandes et une perruque rousse bouclée ! Mais plus précisément, quel clown serions-nous ? L'auguste, maladroit et inadapté, gaffeur, parfois roublard, et certainement moqueur ? Ou le clown blanc, qui n'existe que pour être le dindon de la farce, dandy peinturluré qui se voudrait sérieux, un rappel de la rationalité, du bon goût, du vivre ensemble, maître de pacotille d'un jeu qui ne peut que lui échapper ? Les clowns blancs, on en voit partout ! Des gens graves (vraiment graves), qui pondent des règles aussi inadaptées qu'inapplicables et échappent au réel en prétendant le contrôler toujours davantage. Regardez ces sourcilleux énarques qui prétendent imaginer et voter les lois en notre nom, et qui n'arrivent qu'à ligoter nos vies tout en se libérant trop souvent eux-mêmes ?

Regardez-les, ces clowns blancs tout en noir, cravatés, avec leurs faux sourires diplomatiques, leur balai vous savez où[1], leur langue de bois vermoulue. Regardez-les, les bras ballants face aux désastres qu'ils feignent de ne pas apercevoir. Voyez comme ils se gargarisent, comme ils bombent le torse, se croyant les envoyés spéciaux de la Providence malgré nos quolibets. Non, pas de clowns blancs, il y en a suffisamment comme ça qui prétendent nous donner des leçons alors qu'ils n'apprennent rien. Il faut être clown comme l'enfant, en augustes bariolés pouet pouet, et rire des clowns blancs et de nous, rire de la mort elle-même.

Néanmoins, il faudra toujours nous avouer battus. Car notre rire à nous dépassera difficilement le stade du mécanisme de défense, alors que celui de l'enfant, sans haine et sans crainte, marque l'éclosion désintéressée de la joie pure.

1. Si, si, cherchez encore.

Ce que nous dit l'enfant :

« Bonzou les petits nenfants !

Ça vaaaa ? »

L'enfant ne se prend pas (trop) au sérieux

Parmi toutes ses qualités, l'enfant en cultive l'une des plus précieuses, commune à toutes les autres, à la créativité, au jeu, à l'art de rire et de faire rire : il se prend rarement au sérieux. Il n'est pas encore contaminé par ce poison qui génère tant de rapports de domination, la quête de l'approbation ou de la soumission d'autrui, la soif de reconnaissance, et, au final, moins de respect que de peur.

Tiens bon, Gaston !

Quand l'enfant se prend au sérieux, il peut devenir aussi tristement stupide qu'un adulte... C'est là qu'il joue le petit caïd dans la cour de récré, qu'il harcèle, qu'il cherche la popularité, à épater la galerie en se haussant du col, en débitant son lot d'obscénités auxquelles il ne comprend rien ou de commentaires sociétaux ineptes et grappillés d'une oreille distraite auprès de ses parents râlant devant l'actualité. Qu'il fasse le grand, qu'il veuille nous imiter, d'accord, et tant mieux, c'est ce qui nous permet de souffler un peu en cessant de l'habiller, de lui couper sa viande, de le baigner, de le rassurer le soir... Mais qu'il se prenne au sérieux au point de nous corriger, de prétendre faire mieux que nous, de nous donner des leçons, et le voilà aussi horripilant que ces intellectuels, ces politiques, ces chefaillons, ces bandes de sourcilleux à costume morose pour lesquels on n'est jamais assez bien puisqu'on a le culot de ne pas leur ressembler.

Mais en temps normal, Dieu merci, l'enfant n'a rien à prouver. Tant que sa famille l'aime, tout le reste est littérature. Il n'a pas encore besoin de se rassurer en prouvant qu'il est capable de se faire une place, de mener une carrière, de gagner de l'argent, de réussir. Il n'est pas encore un de ces sévères paltoquets qui s'épuisent et font triste mine autour de Gaston Lagaffe, il est Gaston lui-même, indifférent au vacarme ambiant, aux signes extérieurs de richesse : il est lui-même et, comme ça lui sied, il ne se sent pas obligé de se déguiser en grisaille ambulante.

Il peut avoir sa propre susceptibilité, il sent bien la maturité le menacer parfois à l'horizon comme une ombre grandissante, mais son regard est encore celui d'un spectateur de la comédie des grands, dont les protagonistes tiendraient à tout prix à interpréter une tragédie mais présentent une fâcheuse tendance à basculer insensiblement dans la farce.

Que la magie vainque l'illusion !

Les grands jouissent du privilège d'évoluer dans un autre monde. Un monde soucieux, avec son lot de tâches professionnelles trop peu épanouissantes, de pantins agressifs, de paperasses envahissantes, d'argent parcimonieux. L'enfant a l'obscur pressentiment que les adultes d'aujourd'hui sont d'anciens enfants qui se sont fait avoir... Quelque chose s'est cassé. Les grands ont accepté les règles du jeu qui les a rendus malheureux. Un moment, ils ont dû se fixer des buts démesurés, placer la barre trop haut, et leur échafaudage leur est tombé sur la tête. Il leur a fallu toujours plus de possessions ou de réussite pour se sentir quelqu'un. Ils se sont embarrassés d'ambitions nécessaires au regard des autres, mais pas à leur propre bonheur. Les grands n'ont pas seulement cessé d'être des enfants parce qu'ils ont grandi. Ils ont trahi l'enfant en eux, qui pouvait s'amuser avec des bouts de ficelle (ou une console, d'accord, on sait), et qui se contentait de l'amour de ses proches, en faisant passer l'estime de tous les autres au second plan. « Se contentait ? » Se sentait comblé, plutôt !

Se souvenir de l'enfant qu'on a été, c'est aussi retrouver une part d'indifférence à ce qui nous conditionne et nous attriste aujourd'hui. S'interroger : à quel moment avons-nous capitulé ? Quand avons-nous perdu de vue l'essentiel ? Quand nous sommes nous dispersés, pour nous forger une situation, un couple, un statut social, en oubliant la part de comédie et de jeu dans l'existence ? Quand avons-nous laissé l'esprit de sérieux plomber nos décisions, nos relations, nos émotions ? En tant qu'enfant, peut-être nous prenions-nous pour le nombril du monde. Mais c'était un joli petit nombril, amusant, pas cette espèce de cicatrice béante, paradoxalement creuse et adipeuse. Nous ne sommes plus l'enfant roi : la vie a opéré une révolution pour nous déposséder de la couronne. Nous sommes devenus les esclaves de notre désir non plus de devenir grand, mais de grandeur : « Je ne serai pas heureux tant que je n'aurai pas accompli ceci et cela, et tant que les autres ne l'auront pas remarqué. »

L'enfant que nous étions jadis, lui, était heureux sans autre condition que celle de récolter les bonnes grâces de ses proches. Cet enfant se contentait d'être un enfant, d'être ce qu'il est. Et nous ne savons plus nous contenter de ce que nous sommes. Le monde de l'enfant repose sur la magie, le nôtre sur l'illusion. La magie d'être soi, contre l'illusion de devenir quelqu'un d'autre. D'être pris au sérieux...

Ce que nous dit l'enfant :

« Dis donc, faut qu'on te chatouille ? »

L'enfant aime comme un dingue

L'amour n'est pas qu'une partie de plaisir, on est d'accord. Il y a (presque) toujours quelque chose qui ne va pas. Ça fait du mal. Ou alors ça fait du bien, mais pas longtemps. Ou ça se transforme en dépendance, ou bien ça s'use, ça s'en va plus discrètement que ça n'était entré. À l'inverse, ça peut être une déflagration quand ça quitte notre ciel.

Dire que c'était une formalité...

On est toujours trop seul, on attend, on attend, et puis on n'est plus seul, enfin, mais on éprouve encore plus de solitude lorsqu'on est accompagné. De l'incompréhension, de l'ennui, du pourrissement... ou bien la loi des séries, ça ne marche jamais, ça n'en finit pas de se terminer mal. Et tout à coup, sans crier gare, une embellie. Un chemin de roses. On y croit. Toute la vie, qui sait, quitte à ce que, pour le conserver, on défigure l'amour : on l'affadit un peu, on troque la pantoufle de verre pour une charentaise.

On regrette le temps où tout n'était qu'une question de temps. On se disait autrefois qu'il suffisait d'être patient, et qu'en grandissant on allait forcément trouver le grand amour, pour fonder une famille comme nos parents l'avaient fait... ou bien surtout pas comme ils l'avaient fait, plutôt mieux ! L'amour arriverait tôt ou tard, c'était l'ordre des choses. D'ailleurs, dès l'enfance, on décidait qu'on était amoureux. On trouvait quelqu'un avec qui on riait bien, et les autres se moquaient de nous parce qu'on cherchait tout le temps à être ensemble. Pas question de se prendre la main, sans parler de s'embrasser. Peut-être qu'on s'écrivait un petit mot pour se dire qu'on s'aimerait toujours. Et quand les grands nous interrogeaient, on répondait, sentencieux, que oui, un jour on se marierait. Et qu'on aurait cinq enfants, qui s'appelleraient James, Aurore, Sarkozy et Chloé, ça faisait que quatre mais tant pis. Même qu'on vivrait dans une grande maison à la campagne, avec des chiens heureux qui courraient vers nous, les oreilles au vent. On irait en vacances à la mer. Et on mangerait des crêpes.

Tout ça, c'était avant de tomber des nues. De se faire égratigner, broyer, mépriser. C'était avant de se sentir rejeté, ou, pire encore, qu'on se surprenne à jouer avec les autres. La fin de ce qui nous paraissait le summum de l'existence. La réalité et la complexité sont entrés dans nos vies par effraction. Le maquillage a coulé, le prince charmant est difforme. L'éclairage tamisé a laissé la place à de la lumière crue, pas même blanche. On sait qu'en amour, on n'échappe souvent à la prison que pour retourner directement à la case départ. Quand elles ne sont pas confondues.

SOS cœurs en vrac

Alors pour continuer, machinalement, on redevient un enfant. On décide d'y croire encore. Que la prochaine fois, ce sera la bonne. Quand elle daignera se présenter. Comme un enfant, on se dit qu'on aimerait bien resquiller, que les autres sont déjà suffisamment passés devant nous, que s'il y a une justice, ça va être notre tour. Allez, on va trouver, sans trop tricher, sans trop se forcer, sans trop se mentir ! Sans trop mentir à l'autre... Retrouver quelqu'un dont la vie a arrondi les angles, limé les aspérités, et tout va s'emboîter sans accroc. On comprend qu'il va falloir y mettre un peu du sien. Que peut-être il va falloir renoncer au coup de foudre, ne pas se contenter de reconnaître la personne qui nous est destinée, comme un suspect dans un commissariat : « C'est lui ! C'est elle ! » Non, peut-être va-t-il falloir admettre que ça ne se passe pas comme ça. Qu'on ne gagnera encore pas le gros lot, ni tout à fait un lot de consolation, mais un cadeau intermédiaire. Mais on décide de travailler pour que ça marche. On va s'accrocher, on va concéder, on va mériter. On va peut-être y arriver comme ça.

À l'usage, il va bien falloir insérer un brin de rationalité dans l'amour pour qu'il naisse et qu'il dure. Mais l'étincelle qui nous fait nous redresser à chaque fois, nous fait reprendre la quête, vient de l'enfance. Notre pensée magique ! On croyait l'avoir enterrée sous le tapis tellement on avait souffert, mais de temps en temps on l'extirpe de sa cachette et on lui demande de nous réciter ses boniments qu'on se repent d'avoir voulu oublier. On reprend du carburant, on respire, on redresse la tête, on sort son cœur du formol et c'est reparti pour un tour !

L'enfant peut bien rougir d'être amoureux, dans le fond, il est tout heureux que ça lui tombe sur le coin du nez et, en CM2, il se languit parfois déjà d'être seul. En attendant, il n'est pas amoureux, mais capable d'aimer. Pas n'importe qui : nous. Avec nos imperfections, notre méfiance envers les sentiments, nos cicatrices. Il nous rappelle qu'il y a plusieurs sortes d'amour, et que celle qu'on lui délivre n'est pas la plus négligeable. Il nous aime d'amour, pas au point de nous épouser comme l'a trop systématiquement cru la psychanalyse, mais de nous placer au centre de son monde en attendant la révolution copernicienne de l'adolescence qui nous fera gagner la périphérie. Il nous aime, même quand nous ne sommes pas dignes, que nous le négligeons un peu, ou que nous l'étouffons. Nous lui avons donné la vie, et la vie, pour l'instant encore, c'est nous. Nous comprenons par lui que l'amour trouve toujours une nouvelle façon de s'exprimer. Hors du couple, ses bénéficiaires potentiels sont nombreux. À commencer par l'enfant. Cet amour-là vaut bien mieux que le grand amour, puisque c'est un amour plus grand encore.

Ce que nous dit l'enfant :

« Ah ouais, OK... Pas gai, ce chapitre.

Il est temps que ça se termine. »

Conclusion à fossettes

À trop vouloir agir et penser comme un enfant, on pourrait être tenté de faire de ceux qui ne marchent pas encore debout, puis de ceux qui marchent à quatre pattes, de ceux qui nous font courir, des modèles insurpassables. Du genre « c'était mieux avant, quand on était enfant ». Là, on était encore auréolé de toutes les puretés, quand on était immaculé, immarcescible, virginal, sans souillure. Est-il utile de préciser il ne s'agit que d'une vue de l'esprit ? Comme si notre péché originel à nous, les grands, c'était d'être devenu adultes. Mais on se permettra de rappeler qu'on ne l'a pas fait exprès, de devenir adultes. C'est l'ordre des choses, les gènes, le temps, qui nous y ont poussés.

L'enfance n'est pas le paradis

D'autre part, l'enfance comme paradis perdu, laissez-nous rire ! Bien sûr que nous avons tous connu une certaine insouciance, que d'autres étaient là pour gérer les ennuis à notre place. Nous n'avions pas à gagner notre vie, notre pitance, n'avions pas de comptes à rendre à l'administration, à la hiérarchie, à notre conscience. C'était plus confortable ! N'empêche, qui a vraiment connu une enfance exempte de tourments ? Qui n'a jamais eu de problèmes de santé, de harcèlement, de frustration, de violence, d'incompréhension, d'effroi et de consternation devant le triste spectacle du monde des adultes ? Qui n'a jamais senti que le ver était dans le fruit, et que la pomme du paradis, si on ne la croquait pas, allait de toute façon pourrir tôt ou tard ? Nous profitons de l'enfance autant que nous le pouvons, mais elle est invariablement viciée à un endroit ou un autre. Une maladie, un deuil, une humiliation, vont nous frapper de plein fouet. L'enfance est une bombe à retardement : à la fin du décompte, elle s'autodétruit. Nous renaissons des cendres de l'adolescence en réapprenant à marcher, sur nos deux pieds, avec non plus un monde à explorer mais une direction à trouver : le plus souvent, un boulot, une union, des enfants, une reconnaissance sociale minimale. Nous ne cultiverons un jour la nostalgie du paradis perdu qu'en en occultant une partie. Nous sélectionnerons l'enfance dont nous aimerons nous rappeler, et tâcherons d'écraser l'autre d'un coup de talon.

L'enfance est un concept décliné par chacun de nous au gré de son éducation, de son tempérament, de son accomplissement en tant qu'adulte, et du hasard. Agir et penser comme un enfant, c'est agir et penser comme l'enfant que nous avons été, mais vu sous un certain angle, pas dans ses zones d'ombre et ses tabous.

Foin des dichotomies, de grâce !

L'enfance évanouie n'est pas une référence, mais une destination, un éclairage possible pour l'adulte que nous sommes devenu. Ce qui importe, c'est de sauver le souvenir lumineux de l'enfance, et d'en réinjecter la quintessence dans notre quotidien. Que l'enfant dans ses aspects positifs arrive en renfort de l'adulte hésitant, souffrant, errant, déçu, et déçu par lui-même peut-être. C'est une nuance de clarté à attiser, à raviver, pour flouter la grisaille ordinaire.

Et l'enfant peut nous inspirer aussi parce qu'il ne place pas, lui, l'enfance au-dessus de tout. Il sait très bien ce qui le fait souffrir, qu'il s'agisse du comportement ou de la mésentente de ses parents, de l'éventuelle inanité d'une partie de l'enseignement scolaire (chacun ses goûts), de la cruauté gratuite et satisfaite de certains de ses « camarades », de la mort d'un petit chien, ou d'une maladie qui s'incruste et dévore le quotidien. L'enfant est conscient des injustices, et de la première d'entre elles : pourquoi y a-t-il du mal plutôt que rien ? Pourquoi ne peut-on se contenter d'une vie tranquille, paisible, joyeuse, regorgeant de possibilités, pourquoi faut-il qu'une dose de gâchis vienne salir notre azur sur mesure ? Et puis, comme tout le monde, l'enfant peut se croire responsable des malheurs qui le frappent ou frappent ses proches. Il peut cultiver de la culpabilité, souffrir. Et souffrir d'autant plus peut-être que les adultes lui répéteront à satiété qu'il a bien de la chance de n'être qu'un enfant, qu'après tout il a tout pour être heureux et n'a pas (encore) de quoi se plaindre.

L'enfant est plus lucide qu'on le croit, aussi bien sur le manège des adultes qui ne tourne pas très rond, que sur les limites scandaleuses du bonheur qu'il s'efforce de savourer. L'enfant ne tombe pas dans le piège de la binarité entre de jeunes années supposées merveilleuses, et une maturité supposée terrible à force de lucidité. Il sait qu'il y a de la bêtise crasse chez les enfants aussi, et de fantastiques moments d'amour et de plaisir chez les adultes qui veulent bien s'en donner la peine. Nous nous languissons parfois d'agir et de penser comme un enfant... qui lui-même a hâte de penser et d'agir comme nous, bien qu'il ne nous idéalise pas tant non plus. S'il s'imprègne de nous pour grandir, sachons nous inspirer de lui non pour redevenir comme avant, mais pour grandir encore un peu nous-mêmes, pas toujours plus haut, mais mieux.

Table des matières

Notes

ISBN: 9782380157420
Dépôt légal : août 2023
Achevé d'imprimer en juillet 2023 en Espagne par Liberdúplex